경남시인협회 앤솔러지

아침, 자연의 구술을 듣다

창 간 호

Contents 차례

창 • 간 • 사

경남시협 창립에 즈음하여

강 희 근 (경남시협 창립준비위원장)

그동안 미루어오던 경남시인협회가 창립을 보게 되었다. 2008년 1월 19일 마산 중성동 북카페 〈시와 자작나무〉에서 경남 주요 시군의 중견 시인들이 모여 1995년 일단 발족을 보았으나 여러 사정으로 무산된 경남시인협회 재창립을 서두르기로 뜻을 모았었다.

이 회의에서 경남시인협회 창립 준비위원장으로 본인을 추대하고 고문에는 이광석 시인을 추대하면서 창립을 굳건히 하자는 뜻으로 시협 앤솔러지를 선창간하고 창립총회를 여는 방안이 검토되었고 아울러 선창립 후발간의 정상 수순을 밟는 방안도 검토되었다. 이 자리에서 그 모든 방안의 선택은 창립준비위원장의 결단에 따르기로 힘을 모아 주었다.

그동안 본인의 사정으로 지연되다가 지난 11월 선창간의 방안을 확정하고 사무국장에 정이경 시인을 임명하면서 곧장 원고청탁에 들어가 이제 대망의 경남시인협회 표현지를 세상에 내놓게 되었다. 준비 기간이 지루하고 그만큼 시협의 태동이 진통을 겪었지만 큰일은 뜸 들이는 시간이라는 거름을 먹고 이루어진다는 데 의미를 두면서 이제 확고한 첫걸음을 시작하게 된 것이다.

경남시인협회의 창립을 보면서 본인의 생각을 몇 가지 적어놓고 그 취지나 지향을 회원들의 활동을 통해 우리들의 지평으로 확대 정리해 가는 것이 필요한 수순이 아닌가 한다. 시인협회는 서울 지방에도 복수로 있고 각 지역에도 그 지역의 시협이 만들어져 소정의 활동을 하고 있는 것으로 알려져 있다. 그중에서 또 하나의 시협을 숫자상으로 보태기 위해 우리 경남시인협회가 발족되는 것이라면 우리는 이 일을 번거롭게 시작할 의미가 없다 할 것이다.

그런 의미에서 몇 가지 제언을 해볼까 한다. 첫째, 경남시인협회는 국내 유일의 목소리가 있는 시협이 되어야 할 것이다. 둘째, 우수한 시작품 쓰기의 물꼬 트기에 앞장서는 시협이 되어야 할 것이다. 셋째, 우리나라 문학사에 한 에폭을 긋는 시협이 되어야 할 것이다. 넷째, 그렇게 하기 위해 지역문학의 담론을 개발해 가는 시협이 되어야 할 것이다.

이 네 가지는 일정 부분 서로 겹치거나 동어반복일 수도 있을 것이다. 그러나 경남시인협회는 각 항목에 특별히 유의하면서 전에 없는 모임이 되기 위해 진력해 갈 것을 다짐하고자 한다. 이런 뜻에는 얼마간의 비장함이 담겨 있다. 참여하는 경남의 여러 지역에 거주하고 있는 시인들은 더불어 그 뜻을 넓히고 높이는 데 일치해 주기를 당부 드린다.

시의 진정성은 시협이라는 단체의 기능 그 위에 언제나 고고히 자리해 있을 것이다. 우리는 그 진정성과 단체와의 거리를 깨어서 확인하면서 그 거리를 좁혀 나가기 위해 있는 힘을 다해 가야 할 것이다.시인 여러분들의 문운이 이 경남문인협회라는 이름에 얹혀 더 빛나기를 기대해 마지 않는다.

아침, 자연의 구술을 듣다

경남시협 앤솔러지 창간호

찍은날 • 2009년 1월 12일 | **펴낸날** • 2009년 1월 17일 | **펴낸이** • 강희근(회장)
펴낸곳 • 경남시인협회 | 660-290 진주시 주약동 168-10 2층 강희근시문학연구소
☎ H.P 019-9158-5836
만든곳 • 도서출판 경남 631-430 마산시 서성동 66-18 ☎(055) 245-8818, 245-8819
http://gnbook.tistory.com e-mail : gnbook@empal.com
(등록 제2호 1985. 5. 6.)
ISBN 978-89-7675-546-9-04800
ISBN 978-89-7675-545-2(세트)
취급서점 교보문고, 영풍문고, 영광도서(부산)
주문 입금구좌 8210278-56-036336, 농협, 예금주:도서출판 경남 오하룡
〈값 10,000원〉

경시초
대
남인석

경남 시인 초대석 · 1

열정의 고영조 시인

대담/정리 **정이경**(시인)

고 | 영 | 조

1946년 창원 출생 • 1972년 『현대시학』으로 작품활동 시작 • 1986년 제1회 동서문학 신인문학상, 1996년 편운문학상 수상 • 경남오페라단장, 성산아트홀 관장 • 시집 『귀현리』 『없어졌다』 『감자를 굽고 싶다』 『고요한 숲』 『언덕 저쪽에 집이 있다』 『귀현리에서 관동리로』 등 • 편저서 『중화학공업의 시작과 미래』 등 • 고영조 시/이귀련 곡 가곡음반 〈감자를 굽고 싶다〉 13곡〔노래/김영운(바리톤) 외〕 • 고영조 시/진규영 곡/홍진주 곡/구자만 곡 외 〈아름다운 창원〉 15곡 음반〔노래/최승원(테너) 외〕 • 고영조 시/진규영 곡/연가곡집 21곡〔노래/이태원(메조소프라노)〕

정이경 _ 선생님 그동안 안녕하셨어요? 선생님을 만나게 된 지도 20년이 훨씬 지났네요. 그땐 선생님 열정이 대단하셨는데 요즘도 변함없으시죠? 오늘 찾아뵌 것도 그 열정 어린 선생님의 문학 이야기를 들으려고 왔습니다.

고영조 _ 뭐 변변찮은 사람에게 들을 만한 이야기가 있어야지. 면구스러워요.

정이경 _ 요즘 근황은 어떠신지요? 작년에 시집 『귀현리에서 관동리로』를 내시고 또 준비하시는 시집이 있다고 들었는데 –.

고영조 _ 예 그래요. 한 권 분량이 될까– 새로 써둔 시가 있어요. 출간 준비를 하고 있어요.

정이경 _ 이번이 일곱 번짼가요? 시집이–

고영조 _ 그래요. 이번에 출간하면 5년에 한 권꼴로 낸 셈이네요.

정이경 _ 오늘은 선생님의 첫 시집 『貴峴里』에 담긴 이야기를 중심으로 선생님의 시세계와 시를 쓰게 된 동기랄까– 그런 이야기를 듣고 싶어요. 물론 다른 시집에 담긴 시도 말씀해 주시고요.

고영조 _ 내 시는 그 시작과 중심에 '귀현리'가 있지요. 말하자면 '귀현리'는 내 시의 어머니지요. 정 시인에게 보여줄 게 있어요. 백 마디 말보다 이 사진 한 장이 다 말해주는 거지요.(공업단지로 조성되기 위해 파헤쳐진 귀현리 사진)

정이경 _ 아래 사진이 허물어지는 귀현리군요! 대단히 쇼킹하네요.

고영조 _ 이 사진이 1977년의 귀현리의 실상이지요. 생각해 보세요. 천년 가까이 조상대대로 살아온 이 땅을 단번에 이렇게 무참히 허물어버릴 수 있다니…… 놀랍고 두려울 뿐이지요. 고향은 언제나 우리를 기다릴 줄 알았는데 그게 아녜요.

이것은 근대화란 미명하에 자행된 거대한 해체예요! 농촌사회의 해

사진 위_1976년의 귀현리
사진 아래_1977년의 귀현리

체, 근대적 삶의 해체, 풀뿌리역사의 해체, 마을공동체의 해체지요. 이루 다 말할 수 없어요. 또한 이것은 제 나라 백성의 권리를 송두리째 짓밟은 거대한 폭력이예요. 그때 정부가 준 토지 보상비가 얼마인가 하면 평당坪當 600원이었어요. 지금도 이 돈으로 빵 한 조각도 살 수 없어요. 참 어이없어요. 어리석고 힘없는 농민이 옛날이나 그때나 똑같아요. 말 한마디 제대로 못하고 뒷걸음질로 빠져나왔으니까. 나는 이 사진만 보면 가슴이 콱 막혀요.

정이경 _ 이 사진을 보니까 선생님의 시 「귀현리」가 더욱 실감나는군요. 사실 이런 일을 겪지 않은 사람은 그 정도가 얼마만큼인지 잘 모르지 않습니까.

고영조 _ 남이 알아달라고 시를 쓰는 건 아니지만 시가 아닌 이 귀현리의 역사를 좀 알아줬으면 해요. 귀현리는 한국 사회가 농경사회에서 공업화로 전환하는 시대적 분기점에 있고 산업화 시대에 몰락하는 농민의 실상을 고스란히 담고 있는 반드시 기억해야만 하는 이름이지요. 그런 좌절과 고통을 그린 시가 「귀현리」라고 할 수 있죠.

貴峴里는 행정구역상으로 창원군 웅남면에 속한 50여 호 남짓한 작은 마을이었다.

그리고 동남쪽으로 면적상으로 두 배 정도 크기의 귀곡리가 있었으며 이곳에는 두 개의 교회와 1948년에 개교하여 매년 사오십 명의 졸업생을 30여 회 배출한 후 폐교한 삼귀초등학교가 동네 한가운데 위치해 있었다.

이들 마을은 1970년대 중반 정부의 산업화 정책에 따라 공업 단지화함으로써 무참히 허물어졌다.

귀현리는 가난한 농촌이 산업발전 과정에서 어떻게 희생양이 되어갔느냐 하는 것을 보여주는 실증적 예이며 이는 창원공업기지가 조성되기 이전의 상남면, 웅남면 등 이 지역 전체의 운명으로 이어졌다.

나는 여기서 빈한했던 때를 그리워하고 그것을 미화하거나 사회적이거나 하는 등등의 거창한 몸짓을 하고자 하는 것은 아니다.

다만 우리가 태어나서 자란 곳, 우리의 피와 살이 섞여 있는 그곳, 그러나 이제는 어느 곳에도 존재하지 않는 우리들의 어머니인 고향에 갈 수 있도록 시라는 작은 오솔길을 내

어 위로하고 위로받고 싶을 뿐이다. —시집 『貴峴里』 序文 중

고영조_조상의 산소를 모두 파헤쳐 불태우고 마을이 송두리째 파헤쳐진 것을 보며 당시 나는 말 못할 좌절과 고통을 겪었어요. 당산나무를 불도저로 뿌리째 뽑고 새 움이 돋는 포도나무와 마을과 집들을 무참히 파헤쳐지고 이웃들이 남부여대男負女戴해서 뿔뿔이 흩어지는 것을 바라보는 이 충격! 나는 아주 오랜 시간을 이 정신적 트라우마trauma를 헤어나지 못했어요.

그 충격이 얼마나 극심한지 졸시 「주정뱅이」에 잘 나타나 있어요.

배운 것이라곤/ 땅 파는 일밖에 무에 있느냐고/ 촌 무지랭이가 아는게 무에 있느냐고/ 쫓겨나서/ 도시의 골목에 오줌을 갈기면서/ 개새끼 개새끼하며/ 고래고래 고함치던 그는/ 쇠를 만지는 기능공도 되지 못하고/ 동전을 세는 구멍가게 주인도 되지 못하고/ 개구리 오줌 같은 보상금으로/ 날마다 술만 퍼마시는 주정뱅이가 되었다/ 서른이 넘어서도/ 알만한 여자 하나 거느리지 못하고/ 돌아가자 돌아가자 밤마다 실성하여/ 홀에미의 애간장을 태우며/ 녹슨 연장의 날을 세우던 그는/ 어느 날 무슨 일이 있었느냐는 듯 덜컥 눈을 감았다/ 의사는 그가 만성간암으로 죽었다고/ 사망진단서에 짧게 쓰고/ 우리는 그가 뿌리 뽑힌 포도나무 같다고/ 가슴에다 썼다. —「주정뱅이」 전문

정이경_이 시의 주인공은 고향에서 아주 가까웠던 사람 같군요.

고영조_고향 후배지요. 이야기도 실제고. 나도 그와 크게 다를 바 없는 스트레스를 겪었지요.

결과적으로 뿌리 뽑힌 채 고향을 떠나야 했던 – 탈향脫鄕–그로 인한 극심한 스트레스 그 트라우마가 내 시를 있게 한 거지요.

정이경_선생님 말씀도 듣고 또 이 사진을 보니까 저도 정말 실감나네요.

당시 선생님의 스트레스도 짐작이 되고요.

이 이농-탈향의 문제는 시대마다 다르지만 반복되어온 시대적 상황이랄까-있어온 게 아닌가요?

고영조_그래요. 문학작품 속에서 이 탈향을 다룬 이야기가 많죠. 단지 시대와 상황이 다르긴 해도 물리적 상황으로 어쩔 수 없이 고향을 등지는 사람들의 좌절과 방황은 다 비슷하다고 봐요.

정이경_구체적으로 어떤 작품이 있는지요? 또 그 작품과 비교해서 귀현리의 상황은 어떤 것이 다른지요?

고영조_간단히 말하면 이호철의 소설 「탈향」은 1950년대 전쟁으로 인한 탈향을 소재로 하고 있고 1938년에 이용악이 쓴 시 「낡은 집」은 그 당시 일제하에서 핍박받던 농민 가족들의 유랑을 시로 다루고 있어요.

그러나 무엇보다 나의 시 「귀현리」에 직접적 영향을 준 탈향 사례는 존 스타인벡의 「분노의 포도」이지요.

이 「분노의 포도」는 아시다시피 1930년대 말 이용악이 시 「낡은 집」을 쓸 그 동시대의 미국 농민의 탈향을 다룬 이야기지요. 가뭄과 자본가들의 침탈로 땅(농지)를 빼앗기고 이농하는 한 가족사를 다룬 소설이지요.

나는 그 소설이 노벨문학상을 받을 당시 문학청년으로서 이 소설을 읽고 어두운 현실의 벽에 부딪혀 좌절하고 방황하는 '조드' 일가의 이야기에 커다란 충격을 받았어요. 그런데 나에게 소설이 아닌 현실로 다가온 게 아니겠어요?

예로 든 작품들이 모두 땅을 빼앗긴 농민을 모델로 하고 있어요. 내가 고향 귀현리가 파헤쳐질 때 아! 이게 그런 거구나! 바로 탈향의 실체가 여기구나! 하고 시로 남길 결심을 하게 된 거구요.

정이경_그때 쓰신 선생님의 시 「귀현리」 「이주일기」 등에 잘 나타나 있더군요. 당시 선생님의 시를 읽으면서 매우 리얼리즘적이구나 하고 생각했어요.

그해 봄날/ 뱃길 끊기고/ 무성하던 회나무/ 공장부지로 뽑혀질 때/ 새순 피우던 포도밭과 함께/ 꿈마저 뽑혀지고/ 마침내 우리도 뽑혀졌다./ 지킬 수 없는 부끄러움 앞에서도/ 못난 그리움은 다 무엇인지/ 우리는 방앗간 앞마당에 모여/ 한 줌 보상비로 사 온/ 이 땅의 마지막 눈물을 마시며/ 겁탈당한 여자처럼/ 목마른 안타까움에 몸부림쳤다./ 살아야지 살아가야지/ 아버지는 한 잔의 절망을 빈 무덤에 흩뿌리며/ 아부지 아부지 부르짖을 때/ 지나온 길 홀연 어둡고/ 부르는 소리는 흐린 안개가 되어/ 빈 들판의 살 냄새를 적셨다./ 파헤쳐져 쉴 곳 없는 그대들이여/ 속절없이 가난뿐이던/ 고향이 다 무엇이냐/ 잠들 수 없는/ 불 끈 마을의 어두운 골목을 지나/ 떠나자/ 가슴 깊이 숯이 된 그리움만 안고.

-「귀현리」 전문

고영조_굳이 리얼리즘적이라기보다 내 시는 옛날이나 지금이나 리얼리티를 기반으로 하고 있어요. 체험하지 않은 것은 안 쓰죠. 물론 간접체험도 체험이지만 그러다 보니 내용적으로는 리얼리티를 중시하고 형식적으로는 이미지즘 쪽이지요. 그때 이미지즘에 경도되어 있었으니까 – 지금도 약간 구식이긴 해도 별반 달라진 게 없어요. 단지 이미지즘의 약점을 어떻게 극복하느냐 하는 것과 앞으로 내 시가 어떤 모습으로 변모해 나가야 할 것인가가 문제지요.

정이경_귀현리 이후에 대표적인 작품을 예로 든다면?

고영조_대표작이라기보다 「안개꽃」 「두엄」 「우울한 스프」 등에서 당시 내가 추구했던 시적 방법론의 일면을 볼 수 있겠지요.

육교 위로/ 한 무리의 사람들이 지나간다/ 주먹을 불끈 쥐고/ 노래를 부르며/ 누군가 그들을 군중이라 불렀다/ 아들아 그러나 너는 보이지 않고/ 자욱이 함성만 들리는구나/ 저기 물결을 타고/ 아주 쬐그만 안개꽃들이/ 다발로 떠내려가는 것이/ 먼 강에 보이는 구나/ 때때로 시너를 끼얹고/ 사랑하라 사랑하라/ 뛰어내리지만/ 그러나 그것으로 그뿐/ 주위는 다시 적막에 젖고/ 아들아 작은 가지 끝에서/ 너는 언제나 홀로 시드는구나/ 환한 대낮에 한 묶음로 묶여서.

-「안개꽃」 전문

이 시 「안개꽃」은 80년대 중반의 노사분규가 극심하던 한 현장의 모습을 담은 것입니다. 시너를 끼얹고 뛰어내리던 한 존재자-노동자의 외침이 시의 주제이지요. 당시 주목받았던 그런 작품이기도 해요. 또 「안개꽃」과 「두엄」은 80년대 중반부터 추구했던 나의 시 세계의 일면이기도 해요.

안개꽃은 완결된 시상, 사물의 내적 의미를 캐내는 날카로운 관찰력, 감정과 지성의 적절한 조화, 절제된 진술 등이 빚어낸 아름다우면서도 사색적인 작품이다. 그의 언어는 결코 현란하거나 뒤틀려 있지 않다. 시인의 작위적인 의도에 의해서 조작되어 있지도 않다. 어떤 요설도 장광설도 패설도 없다. 그의 언어는 간결하며 자연스럽다. 그럼에도 불구하고 그것은 의미의 내적 긴장을 함축하고 있으며 대리석처럼 단단한 질감을 보여준다. 그것은 시란 미메시스로 쓰여지는 것이지 결코 디게시스로 쓰여지는 것이 아니라는 사실을 알고 있는데서 오는 결과이다.

-고영조는 가장 보편적인 방법과 가장 정통적인 언어의식을 통해서 개성 있는 작품을 형상화시키는데 성공한 것이다. 자연스러움 속에 내포된 탄력과 긴장, 보편성 속에 숨은 개성, 진술함 속에 번뜩이는 통찰이야말로 이 시의 표층적 진술과 심층적 의미가 어우러내는 미학적 특성이 아닌가 한다. 「안개꽃」은 이렇듯 이 시대의 시류성을 벗어나 의연하게 자신의 언어를 지녔다는 사실 하나만으로도 충분히 우리 시단의 주목을 받을 만한 작

품들 중의 하나일 것이다.

—시인은 육교에서 투신하는 데모대원을 설정함으로써 안개꽃이 지닌 '사물로서의 존재'를 '상황으로서의 존재'로 안개꽃이 지니고 있는 '정적 이미지'를 데모 군중이 지닌 '동적 이미지'로 조화시키고 있다.

—이 시의 도입부에서 투신하는 데모 군중은 강물에 던져진 안개꽃 다발로 비유되고 군중은 강물로 형상화되는 것이다. 시 「안개꽃」은 이렇듯 사물의 존재론적 의미를 탐구하여 치밀한 은유 구조를 창출해내는 통찰력을 보여준다.

—오세영(문학평론가 · 시인 · 전 서울대 교수) 평론집 『변혁기의 한국 현대시』

절망이/ 한줄기 빛으로 되기까지는/ 더 큰 절망이 필요하다는 것을/ 풀들은 베어져/ 높다란 두엄더미로 쌓여 있을 때/ 알 것이다./ 발가락 오그린 영혼들/ 바람에 이리저리 흩날려서/ 명치를 짚는/ 긴 악몽으로 떠돌 때/ 몇 차례 분뇨를 퍼붓고/ 비에 젖어/ 마침내 완전한 어둠 속에 던져지면/ 늦은 가을/ 매달리지 않고 떨어지는/ 과일처럼/ 돌연히 절망하던 잎들도/ 부드러운 한줌의 퇴비로 스스로 썩어갈 것이다./ 깊은 수렁에서/ 떨어진 밀알을 싹틔우는/ 저 아름다운/ 죽음.

—「두엄」 전문

정이경_세 번째 시집 『감자를 굽고 싶다』에 실린 작품의 방법론이랄까 시세계에 대해 말씀해 주세요.

고영조_이 시집에서는 보다 절제된 서정시를, 그리고 내용적으로는 흘러감, 허무, 덧없음—漂浪의 이미지를 통한 무한자유를 추구했다고나 할까요. 근본적으로는 존재론적인 범위를 크게 벗어나지 않았고 다소 실험적인 시도 썼어요. 이를테면 「닫을 수 없는 서랍」이라든가 「마담 레카미에」 등 5부 '굿모닝 마그리트'에 실린 시들이 있어요.

사랑이란 장난으로 그 여자가 서랍을 열었다 굳게 잠긴 흉곽 자물쇠를 풀고 붉은 내장들이 한통 가득 손잡이까지 차올라서 일부는 열에 들떠 공중에 치솟기도 하고 일부는 바닥까지 흘러내렸다 밤마다 앓고 버릴 찢어질 말들 찢어질 시간들이 뒤범벅으로 흘러넘쳐 닫힐 수 없을 때 엉덩이를 흔들며 여자는 떠나갔다 사내는 오랜 시간을 어둠 속에서 꼬꾸라져 있다 넘친 내장들이 서랍도 없이 오물을 뒤집어쓴 채 어지럽게 길바닥에 팽개쳐져 있다.

–「닫을 수 없는 서랍」 전문

잠옷 바람의 마담 레카미에가 앉아 있다 아니다 잠옷만 있고 그는 없다 무쇠 손잡이가 여섯 개 달려 있는 목제관이 놓여 있다 관은 설 수도 앉을 수도 없고 의자에 놓여 있다 마담 레카미에는 어깨에 커다란 못을 박고 있다 속이 텅 빈 마담 레카미에.

–「마담 레카미에」 전문

정이경 _ 이 시는 매우 초현실적이네요?

고영조 _ 분위기가 그렇죠. 모티프도 그로테스크하고. 실상은 알레고리예요. 알레고리를 토대로 한 현실인식이지요. 「닫을 수 없는 서랍」에서 사랑의 이율배반에 상처받은 현대인의 상황이나 「마담 레카미에」는 존재 상실, 죽음의 심상 등 진실과 거짓이 교차되는 혼돈의 현실을 응시하고 있는 통찰이지요. 이런 시를 몇 편 써보기도 했지만 나한테는 잘 안 맞는거 같아 그만뒀어요.

정이경 _ 전통 서정 양식을 어떻게 발전시킬 것인가를 염두에 두고 보면 이런 작품도 나름대로 의미가 있다고 봐요.

고영조 _ 이 시집 『감자를 굽고 싶다』에는 내가 아끼는 시들이 많아요. 말하자면 써 놓고 혼자 자족하는 시 – 이를테면 「매」 「브람스」 「마리아 테레사」 「잡초는 없다」 「안개꽃」 「암」 「증오」 「복국을 먹는다」 「민달팽이」 등 많아요. 그래서 애정이 더 가는 시집이죠. 특히 이 시집의 시는 이미지를 극도로 절제하여 서정성을 최대화하려고 했어요. 설명이 극도로 배제된 이미지만 있는 시-그래서 의미의 다층적 효과를 노렸어요.

그리고 나는 내 시에서 시간과 순간을 공간화하려는 시도를 많이 했어요. 다른 말로 하면 순간과 시간을 이미지화하여 시각화 내지는 공간화하려고 했어요.

이런 방법은 T. S.엘리엇이 쓰던 아주 고전적인 방법인데 그걸 좀 현대화해서 내게 맞는 방법으로 개량했다고나 할까-그런 작업을 대단히 의도적으로 했어요. 그런데 내 시를 읽었던 사람들은 시가 극도로 이미지화하면서 뼈만 남았다고 해요. 아주 드라이하다고 그렇게 말해요. 이런 방식은 드라이하지 않으면 공간화가 어려워요. 자칫 엉뚱한 방향으로 흘러가니까요.

정이경 _ 선생님께서 작업해 오신 아주 핵심적인 시작법을 듣는 것 같군요. 시사하는 의미가 큰 것 같기도 하고요.

고영조 _ 시가 이미지로서 구체적으로 공간화되면 아주 단단해지고 영속성이 커져요. 그리고 주관적인 감정이 하나의 상관물로서 이미지로 나타나면 시각화되고 공간화되면서 비물질적이고 측정이 불가능한 의식이 가시화되는 거지요.

나는 이렇게 시간과 감정을 어떻게 이미지로 만들까 하고 생각을 많이 했어요. 아마 이런 작업을 세 번째 시집을 낸 80~90년대까지 했어요. 그렇게 오랫동안 비슷한 작업을 한 것은 그런 방식이 내게 아주 잘 맞았고 -성격 탓이기도 하지만-글에서의 결벽증 같은- 또 말하고자 하는 것이 명료하고 명징해지니까 선호하게 된 것 같아요.

정이경 _ 어떤 작품이 그런 범주에 들어가는지요?

고영조 _ 「무문토기」 「매」 「브람스」 「미장공」 「작은 음악」 「한 박자」 「밀밭」 「안단테칸타빌레」 「빈터」 등이 이런 작품들이지요.

흙은 구워져서/ 그의 아름다운 몸을 드러낸다/ 장인들은 그의 몸에서 조심스럽게/ 그의 집을 찾아낸다

/ 흐르는 시간들도 불에 구워지면/ 숨긴 몸을 드러낸다/ 시간도 모두 집을 가졌기 때문이다/ 붉은 몸

/ 둥근 집들이 보였다/ 붉은 시간들이 썩지 않고/ 흙무덤 속에서 둥글게/ 살아 있었다.

-「무문토기」 전문

아이들이/ 강의 저쪽을 향해/ 돌팔매를 칩니다/ 나르던 돌이 문득/ 공중에서 멈췄습니다 / 움직이지 않는 돌이/ 움직이는 것들의/ 빈틈을/ 움켜쥐려고/ 오랫동안 한자리에/ 꼼짝 않고 떠 있었습니다/ 그때 '靜中動'의/ 뜨거운 힘이 보였습니다/ 공중에 떠 있는/ 번쩍이는 비수가 보였습니다/ 강물은 흐르지 않고/ 숨 막히는 정적만/ 흘렀습니다.

-「매」 전문

가진 것으로는/ 그것뿐이다/ 무명으로 된/ 단 두 벌의 수녀복/ 十字架,/ 안경,/ 물통과 구두 한 켤레,/ 그의 재산은 오직/ 가난뿐이다./ 가슴에 손을 얹고/ 가만히 고개를 떨구게 하는/ 가난의 힘,/ 1910년産/ 썩지 않는 유고의 빵.

-「마리아 테레사」 전문

고영조 _ 그리고 내가 시를 써온 또 하나의 방법은 다분히 모순어법적인 시 - 역설적인 이미지를 가지고 내면적 진실을 추구하는 - 치환시키려는 작업도 해봤어요. 이런 방법으로 써본 시는 「패총에서」 「복국을 먹으며」 「카레」 「희극」 「희망」 「강 · 1」 등이에요.

누군가 버린/ 빈 깡통 하나가/ 강물에 떠 간다/ 무거운 것들은 모두/ 강바닥에 가라앉고/ 빈 것만이 흘러간다/ 빈 것만이 움직인다/ 천천히 흘러가는 저 강은 / 속이 텅/ 비었다.

-「강 · 1」 전문

산 중턱에 조개껍질이 있다. 무더기로 쌓여 있다. 무더기로 쌓여 있는 시간의 흡혈귀들 껍데기에 뒤엉킨 굶주린 입술들 껍데기의 진실들 쌓여 있다. 산이며 바다인 바다이며 산인 우리의 땅들 파도 소리에 잠들었던 아이들 파도 소리에 깨어났던 아이들 바다를 향해 쉬지 않고 노 저어 갔던 사람들 무거운 생을 끌며 갔던 사람들 시간도 공간도 아닌 흔적의 사람들 자고 깨어나고 깨어나서 쉼 없이 움직였던 사람들 몸이 이불이었던 사람들 이 껍데기의 진실들 저녁 안개에 그득 쌓여 있다. –「패총에서」 전문

정이경 _ 이미지가 점층적으로 쌓여 가면서 의미의 한계를 뛰어넘고자 하는 방법 – 같은데요? 새로운 표현을 찾는 몸부림이랄까 – 그런 느낌이 강렬하네요.

고영조 _ 그런데 해놓고 보니까 종래의 방법을 크게 벗어나지 못한 것 같아요.

원래 내가 시를 '한 묶음의 사물'로 보는 파운드나 엘리엇의 이론에 대단히 열광했던 적이 있어요. 따라서 그의 '지적인 시' '유기체적 통일성' '객관상관물' 이론 등에 몸이 흠뻑 젖어 있어 벗어나려고 애는 쓰지만 쉽사리 벗어날 수 없었던 게 아니었나 생각해요. 그래서 점층적으로 연속해서 이미지를 쓰면 '한 묶음의 사물'이 상호 작용하면서–교호하면서 좀 더 자유로운 이미지를 만들어갈 수 있지 않을까 해서 써 본 것도 있어요. 나는 이 대담을 통해 뚜렷한 나의 시적 방법을 제시할 수가 없어요. 왜냐면 계속해서 내 나름의 방법들을 생각해보고 또 써보면서 내 시의 과정적 의미에 비중을 두고 싶어요. 그런 산문을 쓴 적도 있어요.

내게 있어서, 시를 이렇게 쓴다라고 단정적인 한마디로 말하기는 어렵습니다. 그것은 이렇게도 쓰고 저렇게도 쓸 수 있다는 것을 의미하기 때문입니다. 어제의 진실은 오늘의

진실이 아닙니다. 또 변하지 않는 것이 없는 것이 세상의 이치입니다. 따라서 시 쓰기에도 다른 예술 행위와 마찬가지로 인식태도와 표현 방법은 끊임없이 변화한다는 것이 나의 기본적인 생각입니다. '定'한다는 것은 속박입니다. 산다는 것은 흐르는 것이고 시 쓰기 또한 定할 수 없는 정신의 영원한 흐름이 아니겠습니까. 그래서 저의 시쓰기는 항상 길 위에, 즉 途上에 현재진행으로 있는 작은 공부에 다름 아닙니다. 따라서 어떻게 쓴다 라는 방법 이전에 쓰지 않으면 안될 무엇(경험된 대상)을 위하여 무릎을 꿇고 생각하고 그것을 정직하게 말하고자 합니다. 정직하게 말한다는 것은 체험된 사물에서 얻어진 진실을 나의 가슴과 나의 표현으로 말하는 것을 뜻합니다. 그러나 아직도 나만의 체험, 나만의 표현이 없다는 생각입니다. 이 부분에서 나는 완전 초보입니다. 또 한 가지, 美라는 것이 무엇입니까. 그것은 하나의 궁극적 존재가 아니겠습니까. 그것을 인위적으로 언어를 가지고 詩이렇다 저렇다 말한다고 해서 과연 더 아름답게 더 정교하게 표현될 것인가 하는 생각 때문에 저는 늘 생각이 많습니다. 그래서 한지에 한 점 먹물이 배어들어 저절로 하나의 아름다움을 만들어가듯 경험된 대상이 스스로 번져 나와 내 시가 조작되지 않은 영롱한 아름다움으로 나타나기를 기대해 보기도 합니다. 뭐랄까요. 선각들이 말했던 無事의 美쯤으로 말하면 너무 큰 호사가 되겠지요. 항상 그런 바램으로 나의 생각과 표현 방법은 늘 途上에 있는 것입니다.

–시를 위한 산문 중

고영조 _ 좀전에 말했던 그런 시는 「다리」 「감자」 「강을 건너다」 「지붕」 「부서진 의자」 등이 있어요.

초파일날 해인사 대장경판 머리에 이고 아낙들은 팔만일천이백오십여덟 개의 강을 건너갑니다. 조사전에서 해탈문 극락전 사이를 읽지 않고 듣지 않고 말하지 않고 쉬지 않고 건너갑니다. 건너는 강물마다 그대들 푸른 마음 고요히 비쳐들고 아득히 연등 불빛 굽이쳐 흘러갑니다. 저녁공양하고 어두운 밤길 홀로 돌아올 때 지저귀던 새소리도 손잡고 함께 왔습니다. 돌아와서 새벽까지 쓰던 시를 머리에 이고 행간과 행간 사이를 걸어갔습니다. 강을 건너 강에 닿으려고 어두운 길을 물어물어 갔습니다. 그러나 가도 가도 닿을 수 없습니다. 마음 끊고 바라보면 언제나 꽃들은 땅에 있고 찌찌새들은 보리수 가지 끝에서 지저귈 뿐입니다.

－「강을 건너다」 전문

전화가설공 김 씨는 공중에 떠 있다. 그는 허공을 밟고 활 쏘는 헤라클레스처럼 남쪽하늘을 팽팽히 잡아당긴다. 당길 때마다 봄 하늘이 조금씩 다가왔다. 공중에서 누가 부르는 소리 들린다. 사랑해요. 화살처럼 달려오는 중이다. 붉은 재킷을 펄럭이며 그는 지금 길을 닦는 중이다. 하늘을 가로질러 푸른 다리를 놓는 중이다. 제비들이 어깨를 밟을 듯 지저귄다. 그는 허공과 허공 사이에 케이블을 걸고 벚나무 가지가 붉어질 때까지 죽은 기억들을 끌어당긴다. 허공을 밟을 때마다 목조계단이 바스라지며 가슴을 찌른다. 모든 언덕이 탱탱해진다. 살아오는 중이다. 말과 말 사이에 물길이 트이는 중이다. 중심이다. 닿을 수 없는 마음들이 물길에 실려 가는 것이 보인다. 그는 지금 허공을 밟으며 그대에게로 가는 푸른 다리를 놓는 중이다.

－「다리」 전문

감자를 먹고 있다. 논둑에 걸터앉아 농부들이 감자를 먹고 있다. 젓가락이나 포크 대신 순 맨손으로 감자를 먹고 있다. 살과 살을 부딪치며 몸과 몸을 부딪치며 모내기가 막 끝난 그들의 들판을 조금씩 베어 먹고 있다. 바구니에 그득한 크고 작은 햇감자들 부끄러운 알몸을 천천히 벗기면서 맨손으로 감자를 먹고 있다. 감자의 젖가슴을 먹고 있다. 지금 막 태어난 처음의 말씀들 먹고 있다. 뜸부기가 우는 앞산을 바라보며 기우뚱 검게 그을린 감자의 얼굴들 흐린 물빛에 어려 있다. 두발은 무논의 진흙 속에 꽉 박혀 있다. 깊고 깊다.

－「감자」 전문

정이경 _ 새삼스럽지만은 선생님께서 시를 쓰게 된 시기는 귀현리를 전후한 시점으로 볼 수 있겠네요?

고영조 _ 대략 그렇게 보면 되겠지요. 70년대 초 · 중반 귀현리를 쓰던 그 시점이 내 시의 출발점이지요. 그때 한창 습작을 하던 시기로 가장 초기작품으로는 「어떤 냄새의 서설」「파종」「민둥산」「이른 봄날」「우물」 등이 있어요. 이들 작품 중 「어떤 냄새의 서설」은 1972년 『현대시학』에 신인작품으로 선정되어 게재되었고 이 시기에 쓴 작품이 1986년 뒤늦게 동서문학 제1회 신인문학상에 뽑혔어요. 작품을 쓴지 7~8년 후였어요.

그 전에 실험적으로 습작하던 「어떤 냄새의 서설」 비슷한 작품을 써서 이곳 저곳에 투고하고 떨어지곤 했지요. 그 시기에는 유럽 모더니즘을 모방해서 자동기술 비슷한 시를 써 보곤 했는데 많이 서툴렀던 모양이에요.

그러다가 덜컥 어머님이 암으로 돌아가시고 귀현리에서 쫓겨나 이주하게 되었지요. 방향이 확 바뀐 거예요. 어머니의 죽음 그리고 불도저가 고향의 산하를 파헤치는 것을 속수무책으로 바라보는 충격, 그것이 어떤 것보다 처절했고 다른 것을 생각할 겨를도 없었어요. 심리적 방황도 극에 달했지요. 갈 곳도 없고 먹고살아야 하는 문제도 그렇고 그때 나는 복합적인 문제로 심각한 스트레스에 빠졌어요. 귀현리를 중심으로 쓴 시는 어떻게 씌어졌는지 모를 정도였으니까요. 아이러니컬하게도 좌절과 방황을 불러왔던 귀현리가 내 시의 내용과 방향을 열어준 것이라고 할 수 있어요.

정이경 _ 최근에는 그림자시도 쓰시던데?

고영조 _ 작년에 『현대시학』 신작특집으로 발표한 '그림자 시' 말이군요.

사실 시를 다르게 쓴다는 게 참 어려운 일이예요. 어느 시대나 사람 사는 일이 비슷하니까 자연히 작품의 표현이나 말하는 방식, 주제가 다 비슷할 수밖에 없는 일이지요. 어떻게 이 비슷한 것을 뛰어넘어 새롭게 다르게 독창적으로 표현할 것인가가 영원한 예술적 표현의 문제가 아니겠어요?

그런 생각을 하면서 내 시에 대한 문제를 다시 한 번 생각하게 된 거예요. 내 시의 약점이랄 수 있는 과도한 절제와 경직성을 극복하면서 자유로운 연상을 통한 이미지의 의외성을 획득하는 일련의 방법을 생각하게 됐지요. 그러다가 자연히 놀이에 대한 반성도 하게 되었고.

사실 우리는 시에 있어서 놀이적 요소를 너무 과소평가한 것이 아니었나 생각해요. 인간 사회의 원형적 행위에는 처음부터 이 놀이의 요소가 내재되어 있는데도 그걸 너무 무시했다고나 할까-그런 생각이 들었어요.

사물을 명명- 이름을 지음으로써 다시 그 사물을 정신의 영역으로 끌어 오는 게 아니겠어요? 이 정신이 명명 능력을 가지고 사물과 놀이를 하는 셈이지요. 은유도 그렇죠. 낱말에 기초한 놀이의식의 표현이지요. 그런 생각이 들었어요. 그래서 그림자를 가지고 놀자-이렇게 된 거예요. 사실 그림자놀이는 아주 오래된 고전적인 놀이지요. 우리도 어릴 때 손 그림자로 염소도 만들고 토끼도 만들면서 놀았어요. 정 시인도 그런 적 있죠?

정이경 _ 저는 이 그림자놀이가 대단히 철학적이고 사색적인 놀이라는데 매력이 있다고 보는데요.

고영조 _ 그래요 철학적이고 사색적이지요. 사물이 제 안에 다른 형상을 품고 있다가 그림자가 되어 비로소 그 잠재적 형상을 보여주는 게 여간 재미있지 않아요.

새 한 마리 날고 있다/ 새 두 마리 날고 있다/ 한 마리는 공중에/한 마리는 땅 위에// 커다란 날개를 펄럭이며/ 날고 있다/ 이 나무에서 저 나무로/ 이쪽에서 저쪽으로/ 날고 있다/ 나르다 문득/ 고욤나무 가지에 앉을 때/ 땅위를 나르던 그림자도/ 사뿐히 날개를 접고/ 새의 몸속으로/ 들어간다/ 언제부터인가/ 새 두 마리가/ 고욤나무 가지에 앉아 있다/ 어제보다 가지가 약간 더/ 휘어져 있다.

-「그림자 · 2-새」 전문

해가 기울자/ 609동 그림자가 슬그머니/ 제 몸 밖으로 나와/ 그 여자가 살고 있는/ 뒤쪽 608동 유리벽을/ 맨손으로 기어오른다/ 수직빙벽에 아이젠을 박으며/ 까마득히/ 저녁노을에 반짝이며/ 그 여자의 창까지/ 그 여자의 하늘까지/ 맨 몸으로 오르고 있다/ 어두워지자/ 공터에서 놀던 아이들/ 한 둘씩 집으로 돌아가고/ 그림자도 몸을 숙여서/ 그 여자의 자궁 속으로/ 천천히/ 들어간다.

-그림자 · 3-609동에서 608동으로 전문

정이경 _재미있네요. 느낌도 많이 다르고 생각하게 하는 힘도 있고

고영조 _이 그림자 연작시는 프랑스의 유대인 작가 '크리스티앙 볼탕스키'의 설치 미술 그림자놀이에서 아이디어를 얻은 거예요. 비물질적 작품, 덧없이 사라지고 실체가 없어 만질 수 없는 작품-대단히 매력적인 작업이지요.

그러면서도 이 그림자는 시사하는 것이 많아요. 무상한 이미지-삶의 무상함-가상적 현상 등 그리고 미디어를 통한 세계 체험 그것 역시 내가 직접 체험한 것이 아니라 타인이 본 것-복제, 그래서 현실은 사라지고 우리가 보는 세계는 점점 가상에 가까워지고 있는 거지요.

내가 이 두 작품에서 말하고자 하는 것은 보이는 것과 보이지 않는 것 즉 가시와 비가시의 세계가 비록 우리는 만질 순 없어도 엄연히 존재하는 실체라는 인식이 깔려 있어요. 하늘은 볼 수는 있어도 만질 수는 없잖아요? 그래도 하늘은 엄연한 실체-즉 존재하는 거지요. 다분히 존재론적이지요. 비현실, 비물질, 가상 이 모든 것이 존

재라는 생각을 기반으로 해서 놀이를 하는 거지요. 요즘 혼자 이런 방식의 재미있는 생각을 하고 있는 중이예요.

그림자는 하나인 것 같기도 하고 둘인 것 같기도 하고 내 안에 있는 것 같기도 하고 바깥에서 온 것 같기도 하고 있는 것도 아니고 없는 것도 아니고 이 정체불명의 존재와 재미있게 놀아 볼 생각을 해 본 것이다. 유대인 작가 크리스티앙 볼탕스키의 설치 작품 중 1984년 작 〈그림자〉 허공을 흐느적거리며 부유하는 사람들. 공중에 덩그마니 매달린 사람들. 실체가 없어 만질 수 없는 사람들. 불을 끄면 순식간에 덧없이 사라지는 그림자들. 이렇게 무상한 이미지, 허상, 현실은 사라지고 가상만 남는 세계.

사물이 제 안에 다른 어떤 형상을 품고 있다가 그림자가 되어서야 비로소 그 잠재적 형상을 드러내는 이것!! 또한 작품이란 불변이 아닌 시간과 공간 속에서 끝없이 변하는 존재라는 메시지가 얼마나 강한지 어둠 속에 사라지고 없어도 방금 본 듯한 현존성 때문에 더욱 잊히지 않는다. 요즘 이 그림자 덕분에 나는 놀라고 또 놀라며 잘 살고 있다. 그림자와 놀면서 잡을 수도 없고 잡히지도 않는 실체에 대한 생각을 시로 쓰고 있다. 내 방식의 그림자놀이라고 할까. 호롱불에 두 손을 비춰 그림자와 놀던 때처럼 그냥 놀면서 쉽게 쓰고 있다.

–「그림자 시를 위한 산문」 중

정이경_최근 시집 『귀현리와 관동리』 이야기를 마지막으로 해 주시면 좋겠습니다.

고영조_그래요. 나에게서 시는 구원 같기도 해요. 뿌리 뽑힌dislocate 상처와 반항, 좌절과 고통을 치유해 줬어요. 그래서 작년에 낸 시집 『귀현리에서 관동리』에서는 이 모든 상처와 심리적 트라우마를 벗어던지는 씻김굿 같은 의미랄까 그런 기분으로 냈어요.

귀현리는 유소년기를 보낸 내 고향이다./ 관동리는 김해시 장유면에 소한마을로 현재 내가 살고 있는 곳이다./ 귀현리는 1970년대 중반 공업단지로 파헤쳐져 없어졌고/ 관동리는 농촌 마을을 아파트촌으로 조성한 새 동네다/ 한쪽은 내 속의 폐허로 상처의 땅이고/ 한쪽은 다시 태어나는 신생의 땅이다./ 나는 이 신생의 땅에서/ 새로운 생명을 얻고자/ 늦은 가을을 보내고 있다./ 나는 그 폐허의 기억들을 이 시집에 담아둠으로써/ 귀현리라는 질곡으로부터 영원히 벗어나고자 하는 것이며/ 관동리의 아름다움을 노래하면서/ 지금, 스스로 기쁘고 스스로 즐겁고자 한다./ 잊혀진 기억들을 엮어가며/ 고향을 빼앗기고 떠난 사람들과 지난 시간들을/ 문득! 뒤돌아본다./ 달빛 안고 흐르는 새노래천 물소리/ 오늘 더욱 깊고 맑다.

–시집 『귀현리에서 관동리로』「序文」 중

정이경 _ 음악에도 조예가 깊으시죠? 요즘 어떤 음악 듣고 계세요? LP음반이 많던데요?

고영조 _ 연가곡집을 내기도 했어요. 오페라단장 일을 하기도 하고. 베를린 필이 서울에서 브람스 교향곡 전곡을 연주하는데 표를 구하지 못해 음반으로 듣고 있어요. 워낙 브람스를 좋아해서 시로 쓰곤 했는데 아쉬워요. LP레코드는 3천 5백 매 정도 돼요. 명반은 몇 장 안 돼요. 메켄토시 진공관 앰프에 린손덱 턴테이블로 매칭해서 듣고 있어요. 아날로그 소리가 아주 좋아요.

정이경 _ 앞으로 어떤 계획을 갖고 계시는지 말씀해 주세요.

고영조 _ 변함없이 열심히 해야지요. 다른 거 있나요. 꼭 덧붙이라면 음악을 주제로 한 시를 써볼까 궁리 중이예요.

정이경 _ 선생님 장시간 감사합니다. 좋은 이야기 감사하구요. 내내 건필하시고 건강하세요.

고영조 _ 고마워요. 정 시인도 수고 많으셨어요.

경남 시인 초대석 · 2

자연 속의 서정홍 시인

–자연이 구술하는 생명의 시를 경작하다

대담 **정푸른**(시인)

서 | 정 | 홍

1958년 5월 5일 경남 마산에서 태어났습니다. 바쁘게 살면서 글쓰기에도 힘을 기울여 1990년에 '마창노련 문학상' 1992년에 '전태일 문학상'을 받았습니다. 책을 읽고 글을 쓰면서 일하는 사람 귀한 줄 알고, 스스로 가난하게 살아야만 조화롭고 아름다운 세상을 만들 수 있다는 것을 깨달았다고 합니다. 지금은 산골 마을에서 농사지으며 '강아지똥 학교'를 열어 농촌 아이들과 함께 배우고 깨달으며 살아가고 있습니다.지은 책으로는 동시집 『윗몸일으키기』(현암사), 『우리 집 밥상』(창비), 시집 『58년 개띠』(보리출판사), 『아내에게 미안하다』(실천문학사), 자녀교육이야기 『아무리 바빠도 아버지 노릇은 해야지요』(보리출판사) 등이 있으며, 올해 세 번째 시집 『내가 가장 착해질 때』(나라말)와 세 번째 동시집 『닳지 않는 손』(우리교육)을 펴냈습니다.

시인의 집은 황매산 모산재가 훤한 합천군 가회면 나무실 마을에 위치하고 있었다. 자연이 재산인 마을엔 앞쪽으로 맑은 내가 흐르고 있었다. 비가 오면 미꾸라지가 비를 타고 오르기도 한다는 그 내를 시인은 제일 먼저 자랑했다. 건너에 우리 밀을 경작하고 있는 밭이 보였고 감나무 끝에 선홍색 감이 시인의 선한 웃음처럼 달려 있었다. 마을 끝에 자리하고 있는 시인의 집으로 오르는 길에서 보았던 지붕이 폭삭 주저앉은, 할머니 한 분이 살았다던 집이 잡풀에 지붕 꼭다리만 내놓은 채 햇빛을 쬐고 있었다. 어쩌면 저 풍경이 시인을 도시의 편리를 버리고 자연으로 이끌었는지도 모른다.

카메라 셔터 앞에 서는 시인의 쑥스러운 웃음이 오랫동안 방부제에 찌든 가슴에 한줄기 물꼬를 트고 있었다.

정푸른_안녕하세요? 선생님 그동안 시집으로만 뵙곤 했는데 이렇게 마주 앉아서 이야기 나눌 수 있게 되어서 기쁩니다. 요즘의 근황은 어떠신지요?

서정홍_겨울철이라 지게 지고 뒷산에 나무하러 갑니다. 구들방(온돌방)이라 불을 때서 살아가니까요. 그리고 칡차를 만들기 위해 틈틈이 칡을 캐야 합니다. 이제 바쁜 농사철이 다 끝났으니 읽고 싶은 책도 읽고, 그리운 벗들에게 편지도 쓰고, 미루었던 글도 쓰고, 만나고 싶은 동무들도 만나 술 한 잔 마음 놓고 나누고 싶습니다. 참, 한 일주일 단식을 할 예정입니다. 농사꾼은 먼저 '마음공부'를 해야 하고 그 다음에 '몸공부'도 스스로 해야 합니다. 그리고 나이 쉰이 되면 산문집을 한 권 내고 싶었습니다. 그래서 올겨울에는 여태 여기저기 신문이나 잡지에 실렸던 글을 정리할 예정입니다. 산문집을 정리하다가 나무를 잘라 만들 만큼 소중하지 않다는 생각이 들

면 스스로 포기할 것입니다. 사람들에게 희망을 주지 못하는 글이 무슨 가치가 있겠습니까? 그러고 보니 겨울철이라도 할 일이 제법 많네요.

밭고랑 같은 현실에 시인, 허리를 굽히다

정푸른_몇 년 전부터 시골로 들어와 농사를 지으시면서 새로운 삶을 일구고 계신다고 알고 있는데 도시의 생활을 뒤로하고 시골로 들어와서 농사를 짓게 된 특별한 까닭이 있으신가요?

서정홍_자기 먹을 것을 자기 손으로 농사짓는 일은 사람이 해야 할 첫 번째 일이라고 늘 생각했습니다. 맨 처음 동기가 되었던 것은 농촌에서 살고 있는 할아버지 할머니를 뵐 때마다 미안하고 죄스럽다는

대
담

생각이 들었습니다. 모두 늙고 병든 칠팔십 대 노인들이 그렇게 위험하고 힘든 농사를 짓고 있으니 어찌 마음이 편하겠습니까. 내가 그분들에게서 평생 얻어먹고 살았다는 생각이 들더군요. 우리 같은 젊은 사람들이 농사를 지어서 그분들을 먹여 살려야 하는데, 젊고 건강한 우리가 그분들에게 얻어먹고 살았다는 게 부끄러웠어요. 그래서 하루빨리 농촌으로 돌아가야겠구나 생각을 했습니다. 그분들이 돌아가시기 전에 농사일도 배워야 하고, 내 손으로 농사를 지어서 자라나는 우리 아이들이 건강하게 살 수 있도록 해주고 싶었어요. 무엇보다 여태까지 늙으신 농부님들께 얻어먹었던 것을 좀 갚으면서 살고 싶었습니다.

정푸른 _ 누구나 보지만 무심하게 넘기고 있는 농촌 현실에 대한 마음 깊은 곳에서부터 솟아오르는 연민이 귀농의 발아점인 것 같네요. 그래도 말씀을 들어보니까 농촌에 대한 향수가 삶에 가득 차 있었다는 생각이 드는데 어떠세요?

서정홍 _ 시인의 일이라는 것이 아무도 눈길 주지 않는 곳에서도 묵묵히 제 몫을 다하며 목숨을 이어가는 사람과 자연을 소중하게 여기고, 그 소중한 것을 가꾸고 지키는 일이지요. 그래서 어려운 농촌 현실과 농사짓는 사람들의 외로움과 가난과 아픔에 대해서 관심을 갖는 일, 그게 시인의 당연한 의무라고 생각했지요. 그래서 자연스럽게 마음속에 늘 자연을 품고 있었는지도 모르겠어요. 사람은 누구나 자연에 대한 그런 동경이 있을 거라 생각해요.

정푸른 _ 차를 타고도 한참을 들어와서 선생님 댁을 찾을 수 있었는데 황매산 자락에 안온하게 자리 잡고 있는 나무실 마을을 좀 소개해 주시고, 하시는 일은?

서정홍 _ 우리 마을은 옛날에는 서른 가구가 넘었다고 해요. 지금은 열한 가구밖에 안되지만요. 모두 도시로 떠났거나 흙으로 돌아가셨지요. 열한 가구라도 반쯤은 할머니, 할아버지 혼자 사는 집이지요. 내가 가장 젊어 '청년회장'을 맡고 있지요. 청년 회원은 모두 칠팔십 되는 노인들이지요. 하하하하. 마을 들머리에 참나무 숲이 있고 그 아래엔 황매산에서 내려오는 맑은 물이 흐르고 있답니다. 대문 있는 집이 한 채밖에 없을 만큼 가난하고 조용한 산골 마을이지요. 비닐하우스 농사를 하지 않기 때문에 아직도 인심이 살아 있는 마을입니다. 어느 집에서 제사 지내면 그 다음날 온 마을 사람들이 다 모여 제삿밥을 나누어 먹을 만큼 작은 마을이랍니다.

그런데 지난해 봄에 이런저런 인연으로 스물아홉 살 되는 젊은 아가씨 두 사람이 들어와 함께 농사지으며 살고 있답니다. 한 아가씨는 초등학교 교사 하다가 그만두었고, 다른 아가씨는 법학과를 졸업하여 출판사에서 일을 하다가 그만두고 왔어요. 도시에서 사는 게 자연을 괴롭히고 아이들한테 죄짓는 기분이 든다고 농촌으로 왔답니다. 이곳에서 살다가 마음 맞는 농촌 총각이 있으면 혼인할 생각을 하고 있습니다. 참, 한 아가씨는 벌써 농촌 총각과 2009년 4월 둘째 주 토요일에 영암사지에서 혼인하기로 약속을 하고 부모님께 허락도 받았답니다. 도시에서 일하면 연봉이 수천만 원 될 텐데, 그걸 다 뿌리치고 한평생 농사짓고 살겠다니 얼마나 자랑스럽고 아름답습니까? 용기 있는 사람만이 나를 바꾸고 세상을 바꿀 수 있지 않겠습니까?

산골 마을이라 참 할 일이 많습니다. 마을 할머니들 모시고 가끔 숯불 찜질방에도 가야지요. 형광등도 갈아 넣어 드려야지요. 은행에 가거나, 갑자기 아프면 병원에도 모시고 가야지요. 혼자 사는 할머니들 밤새 돌아가셨는지 살펴보아야지요. 무거운 물건들 옮겨 드려야지요. 수도 계량기 검침해야지요. 애써 농사지은 곡식들 판매할 곳을 알아보아야지요. 도시 아이들 찾아오면 여러 가지 행사와 교육도 해야지요. 한 해에 이천 명 남짓 찾아오는 손님들 맞이해야지요. 가끔 틈을 내어 신문사나 잡지사에 글을 써야지요. 학교나 사회단체 다니며 사람농사(강연)도 가끔 해야지요. 산짐승들과 친하게 지낼 방법도 찾아야지요. 젊은 사람이 없으니 내년에는 마을 이장까지 해 달라는 분이 많으니, 생각보다 참 할 일이 많습니다.

정푸른_몇십 년 동안 생활한 도시를 버리고 귀농을 결심했을 때 가족들의 반대에 부딪히지는 않으셨는지요?

서정홍_돈 안 되고 고생길이 훤히 보인다는 까닭에 가장 먼저 아내가 농촌에서 사는 것을 싫어했습니다. 그러나 오랫동안 같은 책을 읽고 이야기를 나누다 보니 아내의 마음이 조금씩 바뀌었습니다. 한꺼번에 바뀌는 것은 아무것도 없는 것 같아요. 생각도 그렇고 삶도 그런 것 같아요. 저나 아내는 마을 할아버지 할머니들 사는 모습들 보고, 때론 함께 일을 하면서, 그렇게 사람의 모습을 조금씩 조금씩 갖춰 나가는 것 같아요.(웃음—웃음도 유기농이 있구나 생각하며 나도 따라 웃었다.)

정푸른_그전에 농사를 지어본 경험이 있으셨는지요? 어쨌든 처음에 농사를 지으면서 여러 가지 어려움에 부딪쳤을 것 같은데 그 말씀 좀 해주세요.

서정홍_여기 들어오기 전까진 한 번도 농사지어본 경험이 없었어요. 농사일이라는 것이 대부분 몸으로 하는 일이어서 무조건 할아버지와 할머니를 따라했어요. 감자 심으면 감자 따라 심고, 고추 심으면 고추 따라 심었어요. 제가 선생님, 선생님 하면서 할아버지 할머니들 뒤를 졸졸 따라다니면서 배웠어요. 할아버지 할머니들이 '선생님! 선생님!' 하고 부르면 얼마나 자상하게 잘 가르쳐 주시는지 몰라요. 밤늦도록 온갖 이야기를 다해 주세요. 살아온 이야기, 더구나 옛날에 농약이나 화학 비료가 없을 때는 어떻게 농사를 지으셨는지 가만히 듣고 있으면 그림 같은 동화 같고, 자서전을 대하는 것 같았어요. 이렇게 훌륭한 '스승'이 가까이 계신데 무엇이 힘들겠습니까. 한글조차 잘 읽고 쓰지 못해도 늘 자연의 순리에 따라 살아온 이분들이 바로 훌륭한 성직자구나 싶습니다. 입으로 실천하는 게 아니라 온몸으로 실천하는 진짜 환경운동가구나 싶습니다. '사람이 땀 흘리며 일은 하지 않고 무슨 학문이고 철학이고 예술이고 문학이고 종교고 떠벌리면서 거짓과 속임수로 사는 사람'이 얼마나 많은지…….

시인의 최근 시의 변화

정푸른 _ 처음 문단에 데뷔가 어떻게 이루어졌는지? 처음 시를 시작하게 된 계기 같은 것은 무엇이었는지요?

서정홍 _ 저는 학교 다닐 때 시를 써서 상을 받아본 적이 없어요. 잘 쓰지도 못했구. 그리고 시는 아무나 쓰는 게 아닌 줄 알았어요. 처음 시를 쓴 게 87,8년 들불처럼 일어난 '노동자 대투쟁' 때부터입니다. 그때 저는 창원공단 내, 대기업에서 일을 했는데 그때만 해도 노동자들이 노예처럼 일했어요. 몸이 아프거나 볼일이 있어 조퇴나 외출할 때도 몇 단계의 결재를 받아야 했고, 잔업과 특근을 안 하려면 사유서를 제출해야 했습니다. 집안에서 일어나는 그 어떤 일보다 잔업과 특근을 우선해야 했지요. 현장 직원과 사무직 직원이 먹는 회사 식당의 반찬이 다를 정도였지요. 사람 사는 게 이런 것이 아니라는 생각을 늘 했지요. 노동자 대투쟁이 있고부터 '어용노조'가 하나둘 무너지고 회사마다 '민주노조'가 들어섰습니다. 그때 가장 먼저 만든 게 노보였습니다. 제가 남한테 보여주는 시를 쓴 데가 바로 노보였습니다.

땀 흘리며 일하는 사람이 오히려 사람대접을 받지 못하고 있는 현실이 안타까워 잠을 이루지 못할 때마다, 가슴속에 맺힌 응어리를 풀어낼 도구를 찾아낸 것이 시였습니다. 시는 아무리 바쁘게 살아가는 사람이라도 쓸 수 있다고 생각했으니까요. 처음엔 시라고 이름 지어서 쓴 것은 아니었습니다. 다만 하고 싶은 말을 그냥 짧게 쓴 것이었는데 사람들은 시라고 하더군요. 특별히 시 공부를 따로 해 본 적은 없었어요. 하고 싶은 이야기가 너무 많아, 그 말을 하지 않으면 가슴이 터질 것 같아서, 시를 쓰지 않으면 잠도 못 자고 밥도 못 먹을 것 같았습니다.

1989년도에 '노동문학' 교실에서 동료들과 어울려 공부를 하다가 사람이 무엇인지, 시가 무엇인지, 조금씩 깨닫게 되었습니다. 왜 시를 써야 하는지도 알게 되었습니다. 이 모두 노동문학 교실에서 만난 분들의 덕입니다. 특히 그때 만난 이오덕 선생님의 글은 긴 가뭄 끝에 내리는 단비였습니다. 제 삶을 송두리째 바꾸어 놓았으니까요.

"오늘날 우리가 그 어떤 일보다 먼저 해야 할 일은 외국말과 외국 말법에서 벗어나 우리말을 살리는 일이다. 민주고 통일이고 그것은 언젠가는 반드시 이루어질 것이다. 그것을 하루라도 빨리 이루는 것이 좋다는 것은 말할 나위도 없지만, 3년 뒤에 이루어 질 것이 20년 뒤에 이루어진다고 해서 그 민주와 통일의 바탕이 아주 달라지는 것은 아니다.

그런데 말이 변질되면 그것은 영원히 돌이킬 수 없다. 한번 잘못 병들어 굳어진 말은 정치로도 바로잡지 못하고 혁명도 할 수 없다. 그것으로 우리는 끝장이다. 또 이 땅의 민주주의는 남의 말과 남의 글로써 창조할 것이 아니라 우리 말로써 창조하고 우리 말로써 살아가는 것이다."

"첫째, 노동에 대한 믿음이 있는가? 둘째, 무식한 사람들이 하는 말, 그것이 진짜 우리말이다. 이런 우리말에 대한 믿음이 있는가? 셋째, 세상을 바르게 살아가려는 결심이 서 있는가? 그렇다면 글을 쓸 것이다. 글이 역사를 만들어 가는 세상이니까."

"이 땅에 진짜 민주주의를 뿌리내리게 할 수 있는 사람은 일하는 사람들이다. 그리고 우리말과 글을 살려 낼 사람도 일하는 사람들이다. 일하는 사람이야말로 하고 싶은 이야기를 감당할 수 없도록 많이 가졌고, 살아 있는 말을 하는 이 땅의 주인이기 때문이다."

이 땅의 주인으로 살기 위해서 쓴 시가 처음으로 1990년에 제1회 '마창노련문학상'을 받았고, 1992년에 제4회 '전태일문학상'을 받게 되었습니다. 그때부터 쓴 시집이 벌써 여섯 권이나 되었네요. 독자님들에게 늘 고마운 마음으로 살고 있습니다. 첫 시집부터 올해 낸 시집이나 모두 잊지 않고 아껴 주시니…….

정푸른 _ 그전에 도시에서 대기업 노동자로서 시를 대하는 방식과 자연으로 돌아와서 농부로 시를 대하는 방식이 많이 바뀌었을 것 같은 데 어떤가요?

서정홍 _ 농사일 하면서 거의 시를 쓰지 않았어요. 실천문학사에서 『아내에게 미안하다』 이후로 거의 10년 만에 일반 시집을 냈어요. 올 사월에 『내가 가장 착해질 때』라는 시집이 전국국어교사모임에서 만든 나라말 출판사에서 나왔어요. 자연의 순리에 따라 농사지으며 사니까 시를 쓰지 않아도 늘 자유롭고 행복했습니다. 하루하루 자연에 적응하는 법을 배우다 보니 시를 써야 한다는 생각이 들지 않았던 것이지요. 이웃 할아버지와 할머니 말씀이 시고, 몸짓 눈짓 걸음걸이가 모두 시였어요. 그분들은 시를 쓰지 않아도 저보다 훌륭한 시인이었지요. 그래서 시가 그렇게 절실하지 않았던 것 같아요. 우연히 출판사와 인연이 되어서 세 번째 시집이 나오게 되었는데 그전에 펴낸 시집과는 많이 달라요. 시는 어차피 자기의 삶과 철학을 바탕으로 쓰는 거니까 겪어보지 않고는 쓸 수 없는 것이잖아요.

여태 농민들 문제나 생명에 대한 이야기를 해본 적이 없는데 이번 세 번째 시집에는 농촌에서 함께 살아가는 할아버지와 할머니, 나비, 지렁이, 물, 바람, 생명에 관한 것들로 가득 차 있어요. 농사짓고 사니까 저절로 그런 목숨붙이들이 내 시 안으로 걸어 들어왔습니다.

생명 사랑으로의 귀의

정푸른 _ 현재 '우리밀살리기운동' 이나 '생명공동체운동' 쪽에서 많은 일을 하고 계신 것으로 알고 있는데 관심을 가지게 된 계기가 있으신가요?

서정홍 _ 87,8년도에 거리에서 때론 노동현장에서 최루탄 맞으며 짓밟히고 끌려가면서도 인간다운 삶과 민주주의를 이루기 위해 많은 분들과 함께 싸웠습니다. 그런데 김영삼 정부가 들어서면서 싸워야 할 상대가 갑자기 사라져 버렸어요. 그때부터 눈을 돌리기 시작한 것이 생명공동체운동이었어요. 1992년 무렵, 한국가톨릭농민회와 여러 뜻있는 단체에서 우리밀살리기운동을 했습니다. 세계 역사에서 처음으로 우리 백성들이 힘을 모아 수십 년 동안 사라진 우리 밀밭을 살린 거지요. 18만 명이 36억이라는 돈을 모아서 우리 밀을 살려냈습니다. 저도 그 운동에 출자도 하고 행사나 교육을 들으면서 생명공동체운동에 관심을 가지게 되었지요.

그때 우리가 먹는 밀가루 음식이 100% 농약과 방부제 투성인 수입산이라는 것을 알았을 때 저는 무척 놀랐습니다. 아니, 충격이었습니다. 그리고 아이들을 기르는 아버지로서 얼마나 부끄러웠는지 모릅니다. 벌레도 싫어하는 이 따위 음식을 아이들 먹으라고 주었

서정홍

정푸른

으니 어찌 부끄럽지 않겠습니까. 그때부터 '나도 이젠 농사를 짓거나 농민운동을 해야겠구나!' 하고 생각했습니다. 그래서 1996년 1월부터 농민운동을 10년 남짓 했어요. 쿠바에 가서 유기농업을 배우기도 하고, 일본에 가서 생활협동조합운동도 배웠습니다. 그런 배움을 바탕으로 1999년에 경남생태귀농학교를 만들어 지금까지 500명 남짓 되는 '젊은이들'을 졸업시켰습니다. 졸업생 가운데 귀농하여 농사를 짓는 분들도 많고 아직까지 계획을 세우고 있는 분들도 있습니다. 용기 있게 흙(농촌)으로 돌아가는 분들의 모습을 보면서, 나도 이젠 농사를 입으로 지을 것이 아니라 몸으로 지어야겠다는 생각을 하며 황매산 자락 작은 산골 마을로 들어가서 농사를 짓고 있습니다.

성푸른 _생명공동체운동을 지금까지 쭉 펼치셨는데 성과가 있다면 어떤 것이 있을까요?

서정홍 _생명공동체운동은 제가 뿌린 씨앗이 아닙니다. 권정생 선생님, 이오덕 선생님, 도법스님, 정호경 신부님, 허병섭 목사님, 천규석 선생님, 전국귀농운동본부 이병철 선생님, 그 밖에도 숱한 분들의 정성과 땀이 저를 부른 것이지요. 외롭고 쓸쓸한 길을 스스로 걸어오신 그분들이 닦아놓은 길을 저는 지금 편하게 걸어가고 있을 뿐이에요. 그분들 덕에 저는 귀농한 사람들 중심으로 '열매지기공동체'를 만들어 함께 친환경농업과 살아가면서 필요한 공부(몸공부, 마음공부, 글쓰기…)를 하고 있으며, 올 4월에는 젊은 농부들과 함께 '강아지똥 학교'를 만들었습니다. 농촌 아이들이 자연에 잘 적응할 수 있도록 여러 가지 행사와 교육을 하고 있어요. 생각해 보면 우리 어른들이 아이들에게 배울 게 더 많지만…….

성푸른 _창원에서 경남생태귀농학교를 만들었는데 무슨 큰 뜻이 있었습니까?

서정홍 _ 그 무렵, 전국귀농운동본부가 만들어지고, 지역에서는 귀농학교가 여기저기 만들어졌습니다. 무너져가는 우리 농촌을 살리는 길이 환경을 살리는 길이고, 아이들을 살리고 나라를 살리는 지름길이지요. 생명의 텃밭인 농촌이 없으면 마음의 고향이 없어지는 것이고, 아이들의 미래가 없어지는 것이지요. 마음의 고향이 없어지고 아이들의 미래가 없어지면 살아도 산 것이 아니지요. 숨만 잘 쉰다고 우리는 사람이라고 말하지 않습니다. 사람다운 삶과 철학이 있을 때 우리는 '사람' 이라고 말합니다. 그래서 모든 운동의 바탕을 흙(농촌, 자연)에 두어야 한다고 생각합니다. 모든 운동의 바탕인 흙을 우리가 버렸으니 온갖 부정부패와 살인, 이혼, 자살, 알 수 없는 고질병인 아토피, 천식, 알레르기, 백혈병, 암 따위와 무서운 범죄들이 하루도 빠짐없이 일어나고 있는 것이지요.

우리가 버린 흙으로 다시 돌아가는 길이 우리 모두를 살리는 길입니다. 그런 뜻을 마음에 두고 1999년도에 경남생태귀농학교를 만들었지요. 창원에서 만든 까닭은 도시인 마산과 진해가 가까이 있기 때문입니다. 도시 사람들을 농촌으로 돌려보내야 하니 도시에서 학교를 만든 것이지요. 도시에 사는 모든 사람들이 한꺼번에 농촌으로 돌아갈 수는 없으니, 우선 가난하고 불편하게 살 수 있는 용기 있고 슬기로운 사람부터 돌아가야 합니다. 그래야만 도시도 살고 농촌도 살고 모든 생명들이 어우러져 조화로운 세상을 만들 수 있습니다. 용기 있는 사람들이 함께 농촌으로 돌아가서 흔들리는 시대의 대안을 찾아야 하지 않겠습니까?

정푸른 _ 앞으로의 계획이 있다면 간단하게 말씀해주세요.

서정홍 _ 농사지으면서 똥 누고 밥 먹듯이 글을 쓸 생각입니다. 세상 사람들과 생각을 나누려면 말보다 글이 더 큰 힘을 낼 수 있으니까요. 생각을 나누다 보면 서로 깨달음이 오겠지요. 깨달음이 와야 작은 실천이라도 하지 않겠습니까. 그리고 '강아지똥 학교' 를 잘 운영하기 위해 계획을 세워야 합니다. 농촌 사회에서 흔히 볼 수 있는 '다문화가족' 아이들에 대해서도 관심을 가져야겠지요. 그러나 무엇보다 진짜 농사꾼이 되고 싶습니다. 모든 생명을 살리는 진짜 농사꾼이 되어야 진짜 시인이 되리라 믿으니까요. 농사꾼이라는 이름이 부끄럽지 않도록 살고 싶습니다. 가난하고 못 배운 죄(?)로 한평생 힘든 농사일에 지쳐 늙고 병든 마을 어르신들을 부모님처럼 섬기며 살겠습니다. 그분들이 늙고 병들어 돌아가시는 모습을 곁에서 지켜보며 아픔을 나누고 싶습니다.

성푸른 _바쁘신 시간 내주셔서 대단히 감사합니다. 앞으로도 자연의 공책에 아름다운 시편 많이 일구시기를 기대하겠습니다.

서정홍 _바쁘신데 산골 마을까지 찾아주셔서 고맙습니다.

화장실마저 유기농인 시인의 집 마당엔 이미 늦가을 햇살이 가득 들어와서 우리 옷에 묻은 도시의 먼지를 툭툭 털어내고 있었다.

고 • 영 • 조

경남시인협회는 무엇이 문제였던가? 창립을 앞두고 나는 만감이 교차한다. 왜냐하면 경남시인협회는 이미 1995년 9월 16일 창원의 교원단체연합회 강당에서 60여 명의 지역 시인들이 모여 창립을 보았기 때문이다. 당시 이 모임을 주도했던 오하룡 시인과 나는 경남시인들의 보다 적극적인 활동을 위하여 애썼으나 회장으로 모시고자 했던 분이 고사함으로써 표류하기 시작했다. 그리고 13년이 흘렀다. 그 일을 맡았던 한 사람으로서 참으로 부끄럽고 민망할 뿐이다. 왜 그랬을까. 나는 지금도 의문을 떨칠 수가 없다. 그러나 오늘 다시 창립하게 되었다. 누군가 희생하지 않으면 어떤 일도 이룰 수 없다는 것을 나는 절감한다. 창립에 즈음하여 회원들이 조금씩 짐을 나눠지는 마음으로 봉사하고 배려하는 마음으로 적극적으로 참여해 주었으면 한다. 경남시인협회는 바로 우리를 위한 우리의 무대가 아닌가?

金 • 舞 • 影

풍랑만 이는 바다에서
돛단배가 파도를 헤치고 수평선으로 올 때까지 얼마나 기다렸던가?
들며날며 그리던 고향,
평온의 항구에 드디어 닻을 놓았다.
머물러 안주할 곳, 아! 우리의 시바다
그러나 다시 그 역정歷程을 안고 달음 쳐 가야 한다.
시가 온통 경남의 산천을 후벼 아름다운 이름을 짓고, 잠자는 자를 일깨워
어느 때나 노래하도록 가시덤불을 헤쳐야 한다.

김 • 미 • 옥

첫눈은 따로 약속이 없더라도 마음 설레며 기다리게 된다.

첫눈 예보가 있는 날이면 마음은 창밖으로만 달아나고 누군가에게서 전화라도 오지 않을까 전화기에도 자꾸 눈과 손이 머문다.

초등학교 입학식 때 두려움과 설레임과 호기심으로 터질 듯이 두근거리던 그때처럼,

경남시인협회의 첫 출항에 대한 기대로 오늘은 가슴이 벅차다. 첫눈 같은 기다림이 또 하나 생겼다.

서 • 인 • 숙

세상을 향한 詩의 도전

누가 시인이 아니던가.

유년시절 한 줄의 시로 하여 세상에 눈을 뜨게 하고, 자라면서 절망과 꿈과 야망에 좌절하였을 때 시는 별을 보게 하고 자신을 보게 하는 구원의 활력소였다. 경남시인협회의 창립을 적극 동참하는 의미가 여기에 있다. 동서고금을 살피면 시의 르네상스는 작은 마을에서 시작되었음을 알고 있다. 우리도 그렇게 될 수 없을까.

안 • 화 • 수

경남시인협회 결성을 환영합니다 !

경남문협 회원 중에, 시인이 수적으로는 가장 많음에도 불구하고 시인들만의 모임이 없었습니다. 뒤늦게나마 출범하는 경남시인협회가 난바다의 거센 파도를 헤쳐 나갈 수 있는 튼실한 단체가 되기를 기원합니다.

그리고, 길손들이 하룻밤 묵으면서 세상살이 이야기하던 봉놋방같이, 시를 좋아하는 사람끼리 만나서 문학에 관한 정보를 교환하고, 또 인정을 함께 나누는 따뜻한 모임이 되었으면 합니다.

이 • 산

시와 시인이 난무하는 시대에 시협은 또 무어라 말인가?

술지게미를 먹어도 술은 취한다.

경남 시단詩壇이 한국문단의 변방이 되지 않도록,

더 깊은 맛이 나도록 숙성하는 참나무 술통이 되어야 하리.

이 • 부 • 용

경남시협을 분만하는 축복의 순간이다.

협회라는 말은 영어로 옮기면 Association이다. Association이란 서로 관계를 가지는 단체의 뜻이다.

시인은 바람이고 싶다. 바람끼리 만나고 바람끼리 부대끼며 너와 나의 마음을 흔들고 싶다. 바람끼리 만나면 풀잎을 흔들고 나무를 흔들고 사람을 흔들고 세상을 흔든다. 흔들리지 않으면 죽음이다. 그러나 지나친 흔들림 또한 파괴이다. 우리는 순박한 바람처럼 가볍게 만났다 흩어지고 또 만나자.

먼저 어떤 틀을 모울딩하지 말자. 그 틀이란 몇 사람의 권위 의식의 지배구조이다. 따지고 보면 지금까지 수많은 단체들이 그 틀 때문에 소란스럽고 날을 세우며 삐거덕거렸다. 자유를 구가하려는 시인들에게 털끝만큼이라도 문학적 권위의 독을 보여서는 바람직하지 않다. 둘째 우리는 언어를 어떤 틀에 가두려 들지 않는 시인들임으로 틀의 행사에서 자유로워지고 싶다. 앞으로 열린 문학행사, 회원 모두가 자유분방하게 참여토록 유도해서 문학적 소외의식을 불식시키는 프로그램의 질량을 높이도록 애써야 할 것이다.

새로 태어나는 경남시협이, 많은 명시들이 자라날 수 있도록 나의 시를 나의 바람이 물고 가 심을 수 있는 빈 들이기를 바란다.

이•월•춘

입동도 지났고 수능시험일도 지났는데, 거기다가 소설까지 지나갔는데 눈은커녕 얼음 구경도 못했다. 남도의 겨울은 이래서 겨울답지 않은가. 같은 남도라도 전라도와 충청도 아래쪽은 얼마 전에 큰 눈이 왔다던데. 그래도 나는 진해바다 가운데 낮게 엎드린 큰대섬(大竹島) 곁을 나는 갈매기들의 울음소리를 들으며 찬 소주 한 잔 마시련다.

경남시인협회가 산고産苦 끝에 주춧돌을 놓는다. 만시지탄晩時之歎이다. 경남시인협회 만만세!!!

이 • 주 • 언

세 집 건너 한 명이 시인이란다. 그 말이 왜 그리 부끄럽게 느껴지던지…. 나 스스로 부끄럽지 않은 시인이 되기 위해 얼마나 많은 노력을 해야 할지 알고 있다. 그러나 그 실천이 문제다. 좋은 시를 쓰고 싶다는 욕망만으로 되는 일이 아니다. 새로 탄생하는 경남시협이 이런 부끄러움을 한 겹 더 껴입는 모임이 아니길 바란다. 이건 나 스스로에게 거는 주문이기도 하다.

하 • 영

새로운 시詩의 역사를

새로운 한국 시詩의 역사,
나아가서 온 누리를 밝고 맑고 따습게 비추는
시詩의 역사를 쓰기를 두 손 모아 기원합니다.
다른 사람의 아픔을 함께할 수 있고,
기쁨을 함께 나눌 수 있는 시詩,
때로는 코스모스처럼 흔들리면서도
청매화의 은은한 향기를 품어내는 시.
읽고 나면 또다시 읽고 싶어지는 詩의 나라가 되기를 기원합니다.

내가 살아온 詩의 길

이 광 석 (본회 고문)

'내가 살아온 시의 길' 은 내 삶의 텃밭이나 다름없다. 그 '텃밭' 이 바로 바다다. 춥고 배고프고 외로웠던 소년시절, 나를 달래며 업어주며 키워준 품은 역시 어머니의 바다였다. 바다를 보면 어머니의 품에 안긴 듯 편안했다. 바다는 세상의 그리움을 섬자락처럼 펼쳐 보여주었다.

광복의 감회가 새롭던 1945년부터 지금까지 60여 년 동안 내 삶, 내 시의 텃밭이 되어준 바다이기에 나는 마산바다를 어머니의 바다라 부른다. 그리고 그 바다를 사계절 가슴으로 끌어안은 무학산, 팔룡산, 바냇들 역시 내게 무한한 문학적 자산으로 다가왔다. 파도 한 자락, 나무 한 그루, 사람들의 눈빛 모두가 맑고 푸른 가고파의 바다처럼 100% 원형 그대로 순수성이 살아 숨쉬는 원초적 자연의 모습을 간직하고 있었다.

달밤에 해변에 서서 모래알을 바다에 뿌리면 시퍼런 반딧불이가 빛을 뿜듯 보석처럼 반짝였다. 그러나 앞으로는 두 번 다시 볼 수 없는 흘러간 옛 그림이 되어버렸다. 그 무렵 우리 청소년들의 가슴을 설레게 했던 것은 동화, 시, 소설 등 문학서적들과의 공격적인 만남이었다. 그리고 청소년 문학잡지에 심취해 언젠가는 작가가 되어보겠다는 문학지망생으로서의 작은 꿈을 키우기 시작했다.

그때 비로소 마산의 산과 바다, 그리고 내 삶을 문학이라는 언어로 옷을 입힐 생각을 했다. 나무하러 갈 때나 조개잡이에 나설 때, 미군부대 하우스

보이로 폼을 내고 다닐 때, 학교 숙제 걱정보다는 글 짓는 일에 조금씩 몰두했다. 『새벗』『소년』 같은 어린이 잡지에 내 이름 석 자가 보이던 때도 있고 중 · 고등학교 시절에는 글솜씨가 제법 괜찮다는 평을 받기도 했다.

책방 한쪽 구석에 서서 소설책 한 권을 단숨에 읽고 나오다 주인의 따가운 눈총을 받는 경우도 다반사였다. 고등학교에 진학해서는 강남극장 뒷골목 일대에 자리했던 고서점(헌책방)을 찾아다니며 귀한 시집, 창작집 등을 한두 권씩 사 모으기도 했는데 이때 단짝 파트너는 윤재근 교수(한양대 · 문학평론가)였다.

본격적으로 문학에 입문하기 시작한 것은 1954년 마산 백치 동인 창립 멤버로 참여하면서부터다. 당시 마산 시내 남녀고등학교 문예반 대표로 이제하 · 염기용 · 강위석 · 변재식 · 송상옥 · 김병총(마산고), 이광석 · 조병무 · 김재호(마산상고), 박현령 · 김만옥(마산여고), 추창영(성지여고) 등 모두 12명이 뜻을 모아 출범했다. 시낭송회 문학강연 시화전 등 행사를 이어오면서 몇 년 뒤에는 모두가 문단에 등단해 지금껏 열심히 작품 활동을 하고 있다.

마산의 문청들이 백치 동인으로 성장할 수 있었던 것은 그 무렵 마산문단의 선배격인 김춘수 · 이원섭 · 이석 · 김세익 · 김수돈 · 정진업 · 문덕수 등 여러분들의 정성 어린 지도와 사랑의 뒷받침이었다. 우리 동인들은 주로 이제하의 자택이 있던 노비산(현 마산문학관 위치) 자락과 언제나 우리들에게 꿈과 낭만을 심어준 가고파의 바다를 한 권의 따뜻한 시집처럼 가슴에 품고 살았다.

지금 생각해 보면 그것은 우리 모두가 꿈꾸어 온 아름다운 세상을 그리는 문학의 깃발이었다. 청마가 통영의 바다에 '소리 없는 아우성' '영원한 노스탤지어의 손수건' 같은 멋진 '깃발'을 올린 시인이라면, 박재삼이 삼천포의 바다에 시의 뱃길을 연 시인이라면, '내 고향 남쪽바다 그 파란물'로 '가고파' 의 바다를 연 노산의 시조는 한국현대시조 품격 영원한 1위의 반열에 우뚝 서 있다.

그 가고파의 바다가 있었기에, 꿈엔들 잊지 못할 그 잔잔한 고향바다가 있었기에 '문향 마산' 의 묵은 향기가 가슴에 녹아 있다고 믿는다. 특히 요양소로 이름난 가포바다는 일찍이 마산 '사나토리움' (결핵요양소) 문학의 근간이라 할 수 있는 '청포도' '무화과' 동인의 탄생 모태가 되었다. 이곳에 머물며 투병생활을 한 젊은 문학도들이 시의 각혈을 한 흔적들이기도 하다. 시라는 영혼의 피로써 자신의 젊은 생명을 불태웠던 것이다.

마산일보 문화부 기자 시절, 사나토리움 문학동인들과의 각별했던 교우드 잊을 수 없다. 그만큼 이 바다가 아름다운 바다요 의로운 바다요 자비로운 어머니의 바다였다는 얘기다.

1990년 5월 시민의 날에 마산의 문인 가족들과 뜻을 모아 마산 산호공원에 전국 최초의 '시의 거리' 를 조성, 김용호(5월이 오면) 정진업(갈대) 박재호(간이역)의 시비를 제막한 데 이어 김태홍, 권환 천상병의 시비를 세운 것도 내가 살아온 시의 오솔길이 아닌가 싶다.

이 시의 거리가 인연이 되어 한국현대시 100주년인 올해 전국서 처음으로 마산을 '시의 도시' 로 선포하는 계기가 되기도 했다.

언론인 30여 년 생활에 익숙한 탓인지 시보다는 산문 쪽에 글을 써야 할 경우가 많다. 그러나 요즘도 한해에 10~15편 정도의 신작을 청탁 잡지사에 송고를 한다.

활자의 옷을 입고 책 속에서 다시 만나는 내 시는 언제나 낯설고 덜 익은 풋과일처럼 맛이 나지 않는다. 그래서 지금도 자신을 습작시인이라 부른다. 그러나 붓을 쥐고 원고지 칸을 메울 수 있을 때까지 내 시의 농사는 이어질 것이다. 쓸쓸함, 외로움, 잠들지 못함 등 일상의 번뇌 같은 삶의 상처들과 화해를 하기 위해서도 시로 다가가는 작은 길 하나는 열어둘 것이다.

그라베

김언희

그 여자의 몸속에는 그 남자의 시신屍身이 매장되어 있었다 그 남자의 몸속에는 그 여자의 屍身이 매장되어 있었다 서로의 알몸을 더듬을 때마다 살가죽 아래 분주한 벌레들의 움직임을 손끝으로 느꼈다 그 여자의 숨결에서 그는 그의 시취屍臭를 맡았다 그 남자의 정액에서 그녀는 그녀의 시즙屍汁 맛을 보았다 서로의 몸을 열고 들어가면 물이 줄줄 흐르는 자신의 성기가 물크레 기다리고 있었다 이건 시간屍姦이야 근친상간이라구 묵계 아래 그들은 서로를 파헤쳤다 손톱 발톱으로 구멍 구멍 붉은 지렁이가 기어나오는 각자의 유골을 수습하였다 파헤쳐진 곳을 얼기설기 흙으로 덮었다 그는 그의 파묘破墓 자리를 떠도는 갈데 없는 망령이 되었다 그녀는 그녀의 파묘破墓 자리를 떠도는 음산한 귀곡성鬼哭聲이 되었다.

▶▶▶

우리 사람살이에서 위선僞善은 윤활유다. 진실을 감추는 위장망僞裝網이다. 지금 이 자리 현재는 위장망의 모습이다. 나는 나를 위해서가 아니라 그를 위해서, 그는 그를 위해서가 아니라 나를 위해서 위장망僞裝網을 준비한다. 진실을 이기는 위선이여. 진실보다 강한 위선이여. 그러나 진실이 아닌 위선은 죽음의 다른 모습이며, 이미 죽은 시신屍身이다. 이 시에서는 모든 죽음의 냄새를 위선의 이름으로 열거하고 있다. 시신屍身. 시취屍臭. 시즙屍汁. 시간屍姦. 망령까지다. 우리는 얼마나 훌륭한 위장망을 가지고 있나. 내 살가죽 아래는 얼마나 많은 벌레들이 기어 다니나? 오 저 두꺼운 살가죽, 위장망이여.

여긴 운주사가 맞다

박서영

마산역 앞 긴 의자 위의 와불들
하루에 한 번 천천히 일어선다

여기저기 나무 밑에서 의자 위에서
와불들 일어나 줄을 서기 시작한다
천불천탑이다
플라스틱 식판 하나씩 들고
목젖 드러내고 하품한다
태양이 목젖을 통과하지 못하고
걸려 있다
국물을 넘길 때마다
툭 튀어나온 목젖 뜨겁다

하늘을 벗어놓고
땅을 벗어놓고
꿈을 벗어놓은 저 얼굴들
그래도 무언가 무거운 것이 남은 듯
긴 의자 위에 천천히 눕는다
바닥이나 의자 위의 생生이

새우처럼 둥그렇게 웅크리는 건
자궁을 그리워하기 때문이다

사방에서 바람이 불었다
공기는 양수처럼 출렁거렸고
구름은 푹신한 이불로 오해받는다.

하늘과 땅이 열리는 것이 개벽開闢이다. 새 하늘 새 땅이 열리는 것이 개벽開闢이다. 운주사의 와불臥佛이 일어서는 날은 개벽이 일어나는 날이다. 마산역 앞에는 와불들이 많다. 하루 종일 누운 부처들. 하루에 한 번 개벽하는 와불들. 하루에 한 번 개벽하는 땅 마산역. 저 와불들이 새우처럼 등을 동그랗게 웅크리는 것은 자궁을 그리워하기 때문이란다. 자궁은 우리들의 낙원樂園이며 유토피아이다. 힘들게 먹을 것을 구하지 않아도, 힘들게 잠자리를 구하지 않아도 되는 유토피아. 근원의 유토피아이다. 열려라 개벽開闢.

옥천사 흰 눈

유홍준

환하다. 오장육부가 없다 흰 눈 위의 내 그림자 오늘은 아무 짓도 안 하고 논다 맞배지붕 그림자들 기우뚱 서까래 밖으로 기우뚱 하루 종일 제 무거운 그림자 내놓고 들여다보고만 있다 해답을 못 찾고 있다 절에서 키우는 개 한 마리만 卒卒卒卒 발자국 없는 그림자 하나만 卒卒卒卒 진종일 뒤따라 다니고 있다 뒤붙어 다니고 있다 그림자란 그렇다 오전엔 왼쪽에 붙었다 오후엔 오른쪽에 붙었다 한다 간에 붙었다 쓸개에 붙었다 한다 뒤적뒤적 동전을 뒤져 커피를 뽑고 툭, 적막 위에 쌓인 눈이나 한 번 털어본다 꿜꿜꿜꿜 어디선가 또 산꿩이 운다 이 비탈에서 저 비탈로 새카만 그림자 하나만 날아간다 절 뒤란 배추밭에 가 보니 동글동글 짚으로 묶어놓은 배추, 그림자 없는 쪽 밑동부터 조금씩 흰 눈이 녹아내렸다 그림자는 卒卒卒卒 따라다닌다. 개도 卒卒卒卒 따라다닌다. 오전에는 왼쪽에 오후에는 오른쪽에 卒卒卒卒 따라붙는다. 간에 붙었다 쓸개에 붙었다 한다. 오장육부가 없으니 간도 쓸개도 없다. 그냥 卒卒卒卒 따라붙는다. 卒卒卒卒이라니 간도 쓸개도 없이 卒卒卒卒이라니. 그래 어차피 우리는 쓸개가 없다. 간도 쓸개도 다 내어준 졸卒들이다. 그래서 卒卒卒卒 따라다닌다. 아침부터 저녁까지 卒卒卒卒 따라다니기만 한다. 우린 그림자다. 후후후 卒卒卒卒도 재미있고 꿜꿜꿜꿜도 재미있다. 卒卒卒卒 꿜꿜꿜꿜.

매 미

배 한 봉

가을밤, 아파트 방충망에
매미가 달라붙어 운다

여름 내내 자동차 소음과 뒤섞여
귀 따갑게 울어대던 매미
목청을 얼마나 벼리었던지 달이 중천에 솟자
울음이 은장도처럼 하얗게 빛을 뿜는다

생은 짧고 가야 할 길은
멀다고 내 서재를 들여다보며 쓰는
맹렬한 소리의 시詩
쓰왈쓰왈씨팔씨팔 쓰왈쓰왈씨팔씨파알
창밖 키 큰 목련나무가
누른 잎을 쏟으며 부르르 몸을 떤다

철모르고 우는 너 때문에
잠 못 잔다고 투덜거리는 사람 있겠지만
걱정 마라 매미야 네 잘못 아니다

땅을 덮은 아스팔트 위에서
하늘을 덮은 온실 가스 아래서
더 잘 먹고 잘 살겠다고
소음과 불빛으로 밤을 지우고
아파트와 공장을 짓느라 숲을 없앤 것보다
무서운 일 있겠니

밤의 귀청을 뚫어 흰 달빛
콘크리트 숲에 가득 쏟아져 술렁이게 하는 일은
눈물겹게 아름다운 노역이다
슬프도록 아름다운 시작詩作이다

울어라 극렬한 시詩의 폭포
가야 할 길은 멀고
뜨거운 울음은 얼마 남지 않았다
필생의 꿈이 서리에 젖기 전에
내 창문을 찾아온 것은 잘한 일이다
세상 뼈를 녹일 듯 울어보는 것은 장한 일이다.

그래 우리 생은 짧고 가야 할 길은 언제나 멀다. 시인이란 저 매미와 무엇이 다를 것인가. 속도와 편리성을 넘어 풍요와 안락을 넘어 진정 우리가 가야 할 길을 밝히는 것이 시인의 삶 아니겠는가? 하필이면 이 매미는 시인의 서재 창가에 와서 운다. 너도 봐라 봐. 너도 그렇게 생각하지? 동조를 구하는 것인지 시인의 창가에 와 운다. 쓰왈쓰왈 하다가 씨팔씨팔 하면서 불쑥 잘 벼린 은장도 같은 빛나는 울음을 운다. 이것이 시詩고 시작詩作이다.

거 풍

–이장移葬 · 1

이 주 언

오래된 책을 꺼내 말립니다
습하고 어두운 책장에서
바람과 햇빛 속으로 옮겨놓았습니다

잊었던 체취 한 페이지씩 넘기며
당신 몸을 짜 맞추어 봅니다

칠성판 위에서
발가락 몇 개, 늑골 몇 가닥 보이지 않듯

몇 군데 책장 삭아내려도
바람은 당신의 의미를 찬찬히 읽어내립니다

그제야 드러나는 오랜 침묵

나의 하늘에 있던 당신 별자리가
햇빛 속으로 사라질 때
바람이 내 몸으로 흘러갑니다

쓰윽,
책장을 넘기며 그리운 얼룩을 만집니다.

▶▶▶

거풍擧風은 바람에 쐼을 뜻한다. 오랫동안 쌓아두었던 것들을 꺼내어 바람에 쐼이 거풍이다. 그런데 이주언 시인은 책을 거풍하면서 이를 이장이라는 부제를 달았다. 오랫동안 마음에 쌓아두었던 생각을 꺼내 좋은 햇살 아래 거풍을 하는 것 같다. 이장은 묘지를 옮기는 것이다. 습하고 어두운 곳에서 청량하고 밝은 곳으로 옮기는 것이다. 시인은 어디 마음자리라도 옮겼나 보다. 습하고 어두운 구석진 책장에서 어디 햇살 밝은 창가에라도 나섰나 보다. 나는 자꾸 마음자리가 보인다. 오래 묵혀두었던 간절한 소망을 꺼내 햇살 아래 펼쳐놓은 것으로 보인다.

경 남
신작시

박•우•담

진주 출생, 2004년 『시를 사랑하는 사람들』 등단
남가람문학 동인, gichan79@hanmail.net

담쟁이 외 2

햇살이 커튼을 뚫고 들어온다 그녀는 침대 아랫목에 나는 윗목에 누워 있다 아직 그녀가 내 몸을 친친 감고 있다 침대 머리맡에 놓여 있는 컵에서 붉은 피가 흥건하게 고여 있다 창을 통해 새소리가 들려오고 혈관을 빠져나온 공기가 시트를 적신다 아직 새가 부리로 내 눈을 갉아먹고 있고 구멍이 뻥 난 내 눈에서 그녀의 머리카락이 나풀거린다 어디서 말 달리는 소리 들리고 바람이 커튼을 휘감아친다 축축한 피톨이 침실 가득 비릿한 내음 풍긴다 그녀의 유두가 창틀에 박혀 촛농 녹듯 길게 녹아내린다 망사를 걸친 햇살이 뚜벅뚜벅 복도를 지나간다 내 그림자 아직 창틀에 끼여 갈기갈기 찢겨지고 있다

유 등

강의 밑바닥은 늘 곡선이다
후미등이 수면에 발 담그는 저녁
강은 한 질씩 어두움을 키우고 있다

불빛 담그는 보도방, 보도방 쪽방에서
하루치 화투패를 떼어보는 연어, 자기 손금같이
질펵하게 굽이치는 어로를 기억하고 있다

귀성길, 별들 배냇강을 거슬러 오르고 있다
노래방 알전구 하나씩 톡, 내장을 드러내면
아무르강의 연어 모래알 떨어내듯 비늘을 벗는다

아침이면 새롭게 자리 잡는 일간지 기사처럼
구역질나는 비릿한 기억을 방류하고 금 간 강은 늘
곡선으로 앉아 있다 아니다
곡선이 되려고 몸부림치고 있다

오늘도,
의식의 강이 빤히 보이는 컨테이너 박스 색유리에
아무르강의 별 깜빡이고 있다

스위치 타자

난 본시 왼손타자였어 어느 날 저녁 왼손이 고장났잖아 그래서 오른손으로 바꿔버렸지 근데 운이 좋아 그런지 108번 실로 박은 야구공이 보름달처럼 보였어 그래서 맘대로 휘둘렀지 그게 담장을 넘어가더라

그때부터 난 오른쪽 타석에 들어섰지 얼마 동안은 재미를 봤지 근데

그것도 얼마 못 가서 투수들의 견제가 시작되고 난 안절부절 못하다 슬럼프에 빠졌지

훈련도 않고 그냥 술병을 차고 늘 놀았지 그러다가 망가진 내 몸을 다시 깁기 시작했어 왼손을 쓰기로 했지 그래서 난 지금 양쪽 어깨가 결려

나는

매일 좌, 우 이데올로기에 번뇌를 앓고 있지

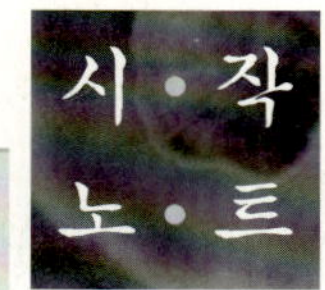

매일 남강 상류를 따라 천왕봉 아래로 출근을 하면서 사색을 한다. 어떤 날은 맑고 어떤 날은 우중충해서 도통 산중 날씨를 이해할 수 없다. 그 와중에 지리산은 들꽃이며 눈꽃으로 철마다 좁다란 하늘을 수놓고 있어 자연이 쓰는 시어들을 줍고 읽는 재미 가 쏠쏠하다.

화려하지는 않지만 후미진 곳에서 묵묵히 생을 감아올리는 담쟁이의 삶은 한 편의 시詩라고 말할 수 있다. 바라보는 각도와 그림자에 따라서 영판 다른 형상으로 읽히지만 철 따라 변신하고, 생명을 부지하기 위해 몸통 일부를 때에 따라 버리는 처절한 삶과 애환이 있기에 지리산이 맑고 아름답지 않겠는가.

요즘 세상살이가 고물가, 고금리, 청년실업, 명퇴 등으로 고단하고 삭막하다. 서민들의 삶이 모래사장을 잃어버리고 둔탁한 시멘트 뭉치로 쌓여 있는 강물처럼 여유가 없고 살벌하다.

바삐 살아가는 우리들의 마음도 이렇지 않을까 생각해보면 겁이 난다. 시간이 지나면 변하는 마음이야 어쩔 수 없지만, 내년을 기약하며 빨치산 루트처럼 꾸불꾸불 쓰는 담쟁이의 시詩가 있어 지금 가슴에 군불을 지피고 있다.

경남 신작시

오•인•태

1991년 『녹두꽃』으로 등단, 경상대학교대학원 문학교육 전공(교육학 박사), 시집 『그곳인들 바람불지 않겠나』 『혼자 먹는 밥』 『등뒤의 사랑』 『아버지의 집』 등, 현재 초등학교에서 아이들을 가르치며 시 · 동시 · 평론 등을 씀. (사)한국작가회의 이사, 경남작가회의 회장

'그' 자를 보면 드는 생각 외 2

전주이씨 기세등등한 집성촌에서 유일한 함양오가 아버지 나뭇짐에 꽂혀 있던,

벙어리 동네머슴 한태아재 꼴짐에도 꽂혀 있던,

남녀노소 불문하고, 수 개 마을 사람 모조리 빨갱이다 지목하여 검은 골짜기로 몰아넣었던 박 면장의 무덤 정수리에 시퍼렇게 꽂혀있던

조선낫, 그

날선 말들을 수없이 세상 복판에 꽂아댄, 시인이라는 네
이놈 등짝이 서늘해지는

아, '그'

비겁한 날

쫓아오는 차들에 떠밀려
두 다리를 잃고 주저앉은 강아지를 용케 피해 출근한
날, 쳐다보던

아이들 앞에서 다리가 종일 후들거렸다

강아지를 위해서라고?

무꽃 생각

뽑힐래?
꽃 피울래?

나, 교장 포기하길 참 잘했다

이 봄날,
학교 사택 묵정밭이
일순, 환해지는

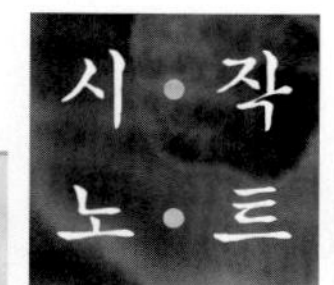

째깍, 이 1초 동안 지상에 돋아나는 새싹은 얼마일까. 떨어지는 낡은 나뭇잎은 또 얼마일까. 눈을 뜨는 아기는 몇일까. 눈을 감는 인류는 또 몇일까. 알을 깨고 나오는 새까만 올챙이는 몇 마리쯤일까. 늙은 가죽을 거두는 개구리는 또 몇 마리쯤일까.

째깍, 이 1초 동안 나는 얼마나 많은 생각을 하며 눈을 감게 될까. 이 단, 1초 만에 내가 낳은, 낳을 시는 또 얼마일까.

존재는 시간이다. 뭐, 이런 생각 따위나 하고, 쓰고, 살고, 있다.

경남 신작시

이•상•옥

문학박사, 1989년 월간 『시문학』 등단, 현 창신대학 문예창작과 교수, 시집, 시론서 및 시해설서 다수, 유심문학상(평론) · 경남문학 우수작품집상 수상

호두 외 2

내 뇌 속에는
아마
슬픈 지도
문신처럼 그어져
있을지 몰라
어머니의 내력
슬픈 몸으로
아들을 낳으신…

팜파탈

연구실 좁은 공간,
모과 다섯이 뿜어내는

그 말을 먼저 알아듣는 나.

성녀 마더 테레사

만일 성인이 된다면 분명, '어둠'의 성인일 것이라고, 가진 것이라고는 어둠, 외로움과 고통, 신앙과 사랑, 믿음을 잃은 상실감과 공허밖에 없다고, 아무것도, 하느님이 존재하신다는 깨달음조차도 가지지 못한 기쁨만을 누리고 있다고, 하느님을 간절히 바라는 끝없는 고통만 있을 뿐 기도도 사랑도 신앙도 아무것도 없다고, 사람들은 그의 강한 신앙을 보면서 하느님께 더 가까이 이끌린다고, 사람들을 속이는 것은 아닐까, 매번 "제게는 믿음이 없습니다"라고 진실을 말하고 싶지만 말하지 않는 그, 여전히 하느님과 모든 사람들에게 미소를 짓는 그, 사랑 안에 있으면서도 사랑하지 않고, 신앙에 의해 살면서도 믿지 않는 것, 자신을 소비하면서도 완전한 어둠 속에 있는 것,

그를 밑줄 치며 읽는 나.

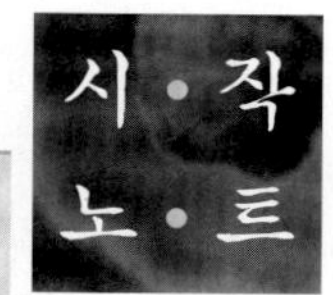

나는 요즘 마더 테레사의 비밀일기를 밑줄을 치며 읽고 있다. 그 짙은 어둠을 읽으며 한없는 위안을 받는 것이다. 머리맡에 두고 잠들기 전에 혹은 깨어서 읽는 마더 테레사, 그를 떠올리면 나의 사소한 어둠은 이미 어둠이 아니다. 그 깊고 두려운 어둠조차도 신에게 맡기고 묵묵히 그의 길을 갔다. 내 앞에 놓인 길에도 어둠이 자욱하지만 뒤를 돌아보지 않고 그냥 묵묵히 가야 한다. 마더 테레사 수녀의 비밀일기가 내게 위안이 되었던 것처럼 내 시도 누군가에게 위안이 되었으면 한다. 정보가 넘치는 시대에 시가 누군가에게 한 줄의 위안이라도 줄 수 없다면 남은 것은 절필뿐이다.

이•응•인

1987년 무크지『전망』5집으로 등단, 시집『어린 꽃다지를 위하여』『천천히 오는 기다림』등.

결 외 2

주머니 속에 손이 자주 들락거릴 때부터였나
손톱 밑이 뽀얘지면서였나

어디서 놓친 것일까?

큰길에 나와 골목을 잊은 뒤부터일까
가로등이 달빛을 앗아가고부터일까

따스한 피를
짐승의 가죽으로 두르면서부터였나
흐르는 물 막아 삽질을 하던
거기서였나

그 어디서
놓친 것일까?

가 을

호랑나비는
제 생애 가장 화려한 날개를
풀섶에 벗어 놓고
어디로 갔다.

돌아서서

이삭이 패는 걸 보고 오다
그 할머니를 만났다.
지나칠 때마다
술 한 잔 하고 가지
붙들던 할머니.

오늘 곱게 차려입고
아드님 차에 오르는데
허리가 더 굽었다.
며칠째 병원 모시고 다닌다며
악수를 나눈 아들이 말했다.

돌아서 오는 내내
뒤통수가 서늘했다.
할머니 손이나 한 번
잡아 보고 올 걸.

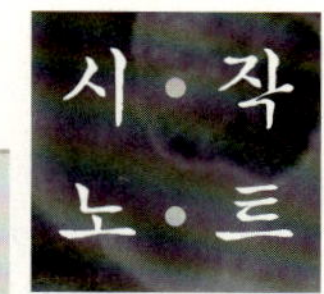

결-사이, 틈, 구불구불, 어리둥절, 미안.

가을-해마다 일러 주어도 모르고 지나가는 나게 묻는다, 도대체 넌 언제 가을을 만날 거냐?

돌아서서-그분은 내게 진심으로 "어여 들어와 술 한잔 하고 가!" 그랬다.

나 같은 놈들이 시를 안 쓰는 날들이 속히 오기를.

차•영•한

통영 출생, 1978~1979년 월간 『시문학』 추천완료, 동년 『한국일보』에 「醉味」 「滿月」 등 발표, 시문학상 · 제13회 경남문학상 본상 수상, 시집 『시골햇살』 『섬』 『살 속에 박힌 가시들』 등.

사마귀와 전화기 외 2
–헤겔적 삼각구도가 무無 혹은 차이의 내면화

칠월창문을 기어올라 자기 그림자로 이파리
만들며 숨기는 사마귀의 눈빛 지난밤의
보름달을 끔찍하게 삼키려는 이빨을 다시
두 손으로 수틀에 갈듯 이미 멈춘 심장을
끊어내는 냉기를 확대하는 동공 바로
그 위에 늘어진 거미줄에 꿈틀거리는
알들을 밟고 달덩이처럼 굳어버린 한 마리
탈진한 흑 거미를 덮치는 순간 자기목이
먼저 절단되면서 파르르 떨어대는
날갯짓으로 전화 한다 징그럽게 쩍쩍
달라붙는 전화기처럼 내 목을 전주르며

동그라미 그릴 때

굴렁쇠 굴리다 배꼽 만지면
출출 떨어지던 섬동백 씨
가마우지가 물고 날던 꿈 알들
날갯짓 같은 속눈썹에 숨겨주듯
초록빛 바다에서 당구치기
구르는 불덩이의 웃음소리 모아
모아 푸닥거리 불러 세우는 큐
거대한 성냥개비에 불붙이는 백일몽

설레는 칼 뽑아 잘라내는 부적처럼
긴 주둥아리로 당혹하게 흡인하며
나선형을 그리는 가마우지의 몸부림
흥분하는 성깔 겨냥한 불꽃화살
죽은 자의 걸음을 되돌리게 하나니
저승의 부름 끝에 지나친 복종
노출증의 무닝Mooning 털 털털
털어 내 탓으로 돌리는 고갯짓

책임전가한 모든 혐의를 벗고 허리 편
큐 대리 구매업자 앞에서는 싹싹 닦는
속눈썹에다 숨기는 가마우지 주둥이

봄은 봄이다

빗방울이 모인 개울물 소리 곁에 비비새
물 차듯이 질겅질겅 적셔서인지 벙긋하는
개나리 털모자처럼 그는 웃고 있지만
입술이 떨리는 그림자 흔들릴수록
골프공 얼굴은 두려움을 숨기려다 그만
들켜 흰 뱀(白蛇)으로 날아갈 때 내민
혓바닥 눈이 거울 앞에 녹는지 허허
내 내 가난한 구공탄도 따라 웃어야 하는
두 개의 봄은 한 마리 백여우꼬리털을
잡고 부지깽이든 봄을 좇아가도
오리 엉덩이들은 봄으로 봄을 놓치고 있지

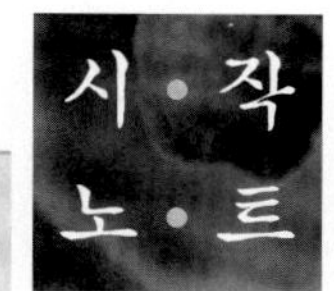

발표된 3편의 시들은 페티시즘적 오브제를 통해 대상을 지우려는 패스티슈에서 그로테스크를 발견할 수 있다. 그러나 오히려 나의 작품은 볼프강 카이저가 말한 '익살극burlesque에 가까울 수도 있을 것이다. 이러한 배경은 절대적인 현실(초 현실)에서 으는 억압된 강박관념의 마니아에서 유발된 것 같다. 사실 사람과 사람들끼리 광포하게 사람을 서로 잡아먹는 카니발리즘의 달콤한 덩굴열매에서 더욱 분열됨을 느낄 수 있다. 이성理性을 가리키는 머리들이 절단되고 변절되어 잃어버린 우리의 새로운 자유의 결합을 시도해보려는 꿈이 있기 때문인지 모른다. 없어진 부분을 채우는 것이 본능의 자유이며 자아의 부활이기 때문이다. 바흐찐은 "물질적인 것과 신체적인 것에의 부족성에 새로운 가치를 부여함으로써 신체의 승리감을 갖는다"는 것은 신체들이 상호작용하는 사건들이 그로테스크하다는 것이다. 그로테스크란 15세기경 고고학자들이 로마네로황제의 황금의집을 판 동굴 '그로테Grottes'에서 유래한다. 이처럼 우리에게도 공포, 기괴성, 유머 등 이질적인 혐오와 욕망덩어리로 혼종 하여 전이 또는 전도되는 등 삶과 죽음이 뒤바꿔 환상을 갉아먹는 기생충처럼 보이는 경우가 더러 있다. 특히 폭력적인 몸의 가학으로부터 탈출하려는 피학적인 갈등의식들의 연쇄적인 고리를 끊을 수만 있다면 지금의 가치체계질서는 전복顚覆될 것이다. 말하자면 종전의 모든 금기를 허물어야 그 속에서 새로운 내가 튀어나올 것이다. 아직도 나는 한정된 공간에서 보헤미안 넥타이나 날리면서 앵무새처럼 날날 거리고 있지나 않는지?

최•은•애

1992년 『우리문학』 수필 당선, 1998년 경남신문 신춘문예 시부문 당선 등단, 한국시인협회 · 경남문협 회원, 진주문협 상임이사, 한국예총 진주지부 부지부장, 2002년 시집 『벚꽃에 내리는 눈은 벚꽃이 된다』

영화시편 · 19 외 2
–조 연

나는 조연이 되고 싶다
긴 강의 한 기슭이거나 나루터 같은,
카메라로 이동하다가 잡히는 뜻밖의 물상들

나는 조연이 되고 싶다
이문식이나 오달수보다 더 작은 것, 왜소한
메뚜기나 여치 팔딱이는
세심히 바라다보지 않으면 좀처럼 보이지 않는
가느다란 슬픔 또는 자비

나는 조연이 되고 그 조연의 조연이 되고 싶다
영화로 들어가기 전에
세월이 없는 가문의 행랑채에서 얻은 노비 같은
시름, 분노
그것들 가지고 영화로 쓸려 들어가는
들어갔다가 제일 낮은 집 역할이 주어지는
당당한 출세

나는 그 출세가 되고 싶다
출세로도 잘려지지 않는 조팝나무 조팝 꽃잎 하나
같은
찔레나무 찔레꽃잎 하나 같은

홀로 눈부신 사랑이 되고 싶다

영화시편 · 21
-논 개

관기官妓의 시대를 넘어
양반집 규수의 시대를 넘어

그녀의 신분,
다음 언덕은 무슨 이름의 언덕일까

일당 노무자의 시대, 찬란한 분규
현란한 협상이다 머리띠는 노란색

나리나리 개나리 머리띠 두르고
병아리 등장

꼬꼬대 꼭꼭 닭이 되는구나
소설 마술사 기술이다

알을 낳기까지 무노동 무임금이다, 아니다
하늘이 준 노동이다 신성이다
바리케이트를 넘어,

주장을 넘어, 사회를 넘어

정책을 넘어
아, 노동이 노동으로 병아리에서 닭에 이르는

줄거리
그녀는 관기
그 전생은 무슨 언덕으로 포르르 포르르
날다가 투신했을까

바위는 불멸이다 강도 바람도
불멸이다

영화시편 · 26
−승 방

1.
승방에 들어가 하는 일 없이 목탁이나 칠까
경經이나 있는 대로 읽어 나가 볼까
씨나락 까먹듯이 토실토실한 적요 하나 받아들고
잘근잘근 씹어 먹어 볼까 내 껌 어디 있지
내 씹다 남은 고구마 삶은 것 파근파근한 것 아직 뜨거운 피
혓바닥으로부터 오관을 돌아 나갈 피, 감각

2.
감각일까 수다일까 백일기도일까
아들 두서넛 키우고 있는 그녀들의 승방이 된다
학생부가 경經, 경전이다 수시원서 어디다 써
넣을까
전선이 어디인가 이름인가 학과인가 그녀들의
목탁인가

최근 들어 나는 영화에 심취해 있다. 이 말을 정직하게 바꾸어 말하면 영화의 기능이나 관념에 기대어 시를 확장해 보는 일에 심취해 있다는 것이 된다. 우리의 의식이나 사색이 일상적 틀에서는 자유롭지 못하다. 자유롭지 못한 것을 자유롭게 해 주자는 욕심에 나는 빠져 있는 셈이다. 이것도 또 하나의 갇힘의 틀이 될지 모르겠다.

경남 시단

강 | 동 | 주

흔들릴 수밖에

가장 편안해야 할 잠자리인 침대가
그렇지 못할 때가 많다.
이리 뒤척 저리 뒤척 근심 걱정으로 출렁일 때마다
곁에 사람도 따라서 흔들릴 수밖에 없다.
살짝 나뭇잎의 흔들림에
바다가 흔들리고
바다보다 무거운 열매가 눈에서 떨어지느니
슬픔에 반짝이는 가슴뼈는 흔들린다.
술을 마셔서 흔들리는 게 아니다.
흔들리기 위해 술을 마신다.
사람과 사람 사이에도 깊은 강이 흐르고 있었던가
수많은 강에서 흘러온 물이
바다가 되기 위해 굽이치고 회오리치면서
무슨 바람이 이리도 불어쌓는지
잠시도 가만 있을 수가 없다.
그래도 네가 곁에 있어, 매달려
흔들릴 수 있나니, 고마워라.
그대를 안을 때는
내 숨결도 어지럽게 흔들린다.
흔들리지 않고 어찌

꽃인들 피울 수 있으랴
어찌 흔들리지 않고 그 향기를
멀리 더 멀리 보낼 수 있으랴
코끝이 시큰한 이 향기가
그대 근심 걱정이었다니

강 | 득 | 송

여름 꽃

낙조 떨어지는 그날을 위하여
하루만큼의 생명을 유지해도
결실의 내일은 생각하지 않습니다.

보셔요, 저 찬란한 가을 이슬이
나를 밟지 않고는 내리지 않습니다.
지금이라는 그 현란함이 남았으니까요

강 | 지 | 연

화두 · 36

속진에 물들지 않는 바람처럼
번뇌를 상속하지 않는 구름처럼
이 마음 한마음으로 굴러가건만
온갖 고통이 모인 그곳이 어떠한가!

틀고 앉으면
쇠사슬 같은 삶의 무게가
모래알처럼 가벼워진다

순백의 나라
지등도 꺼지고 아승지겁 건너가는 시간의 강가

사라지지 않고는
나타날 수 없어
가슴에 유숙하는 은청색 별 하나

고 | 영 | 조

지붕

나는 11층에 살고 있다 나는 10층 길수네 지붕에 살고 있다 길수네 지붕에서 의자에 앉아 신문을 보고 있다 우리집 지붕에는 점택씨가 살고 있다 점택씨는 엘리베이터로 흙을 퍼 올려 야생화를 기르고 있다 점택씨의 야생화는 허공을 건너가려고 발코니 추녀에서 고개를 길게 내밀고 피어 있다 준이네는 점택씨의 지붕에서 귀가 축 처진 개 두 마리를 키우고 있다 개들은 12층 지붕에서 양은 밥그릇을 뒤엎으며 싸우고 있다 14층 중년부부는 어제 이사 가고 13층 지붕에는 아무도 없다 아무도 없는 그 집 지붕에는 안동 할머니가 혼자 살고 계신다 안동 할머니는 병산서원의 참새처럼 아침이면 지상의 노인정에 내려왔다가 해가 지면 14층 지붕으로 올라가신다 그리고 아파트가 끝나는 할머니의 지붕 위에는 하늘이 있다 아파트가 하늘 한 귀퉁이에 꽉 박혀 있다 안동 할머니의 지붕에서 바라보는 하늘에는 커다란 하늘 티브이가 있다 하늘 티브이에는 밤이면 안동 할머니의 소금배를 싣고 하회를 굽이도는 푸른 은하수가 있다 나는 길수네 지붕에서 신문을 보다 문득 흰 구름 떠가는 안동 할머니의 머리 위에 펼쳐진 하늘 티브이를 함께 보고 있다.

공 | 정 | 식

움막별곡 · 86

—정

나는
임의 가슴팍에
고요히
입을 대며
귀를 대 보면
만년을 사루어 놓듯이
밤마다 꿈마다
채곡채곡 쌓인 정이었습니다.

지난날
투박스럽고
얌체도 없이
혈인 찍어 쌓인
수많은 역사의 뒤안길……

한 생명 쪼개어
이산 저산
이 하늘 저 하늘
두루 봐도
임의 가슴에 피는 조용한 미소는
언제나 그냥 그대로
정에 사무치는 소리뿐이었습니다.

김 | 경

두미도*

사마천은 몇 뼘의 사막을 보고 모래의 파고를 헤치려 했다 나도 너무 오랫동안 너를 쫓아다녔다 밀어낼까봐 걱정하는 열무장다리꽃 너머 몸 밖의 나를 데리러 왔다 해 거리를 하는지 작년에 졌던 방죽 옆 묵정밭에 알파카의 꼬리털 같은 열무장다리꽃이 음매음매 피어 있다 소금물 벼락 맞고 짠 눈물 쏟아 보지 않으면 누구의 언덕이 되지 못하는 바다에서 거미줄 같은 몸으로 나는 두미도 열무장다리꽃이 접신한 둥근 언덕이다 푸른 밤의 방죽을 가로질러 첫 별로 뜬 말미잘에게도, 아직 일러 밤 인사 나누지 못한 방게고둥에게도 둥근 언덕이다 어느 깊은 산골, 착한 수숫대처럼 꺾여 피 흘리던 사마천을 빼닮은 두미도, 미친 듯 솟구치던 황하의 굽은 물줄기가 건너왔는가 사막의 노역이 흘러와 내 앉은자리 내놓으라 한다 청량리역 부근에서 신문지 한 조각으로 오늘 밤의 파고를 걱정해야 할 네가 있지만, 이 섬에서는 나도 열무장다리꽃의 바람막이 둥근 등이다

*두미도:경남 통영시 소재 섬.

김 | 규 | 정

저수지

지독한 가뭄에도
넓은 들판이 팔팔하다

저수지가 수문 열어놓고
자꾸 물을 내려 보내주기 때문이다

상류의 풍수가
하류의 갈수를 외면치 않는구나

한 방울의 물도
헛되이 흘려보내지 않는 저수지

넓은 유역의 골짝 물
모조리 독식하는 것 시새우지 말자

저수지가 많아야
살기 좋은 나라가 된다

金 | 根 | 淑

나를 본다

아려오는 그리움으로
살아온 지난날들
무시로 끌어내어
그 외로움 짐짓 즐기는
먼 여행길.

빗소리 듣고 싶어
쏟아지는 세찬 빗줄기 보고 싶어
하늘만 흐려와도
창문 여는 기다림.

그러지 않아도 될 텐데
쓸데없이 마음만 여려
없는 걱정 만들어내며
생 몸살을 앓던 나날들.

이제는 무디어질 법도 한
생의 사계四季
늦가을 해질 녘에 섰는데도
여전히 그 정도의
안개 빛으로 다가서는 생각들.

물 묻은 손 닦아내고
편한 자세로 신문 들고 누우면
복잡한 세상사
36면 지면에서 뒤엉켜 어지러워도
내 힘으로 어찌할 수 없는
사람 사는 일들인 것을

혼자만의 마음 밭에 내려앉는
반나절의 여유로움
그 시간의 포근함.

이게 모두인가,
아 참 그렇지
너는 내 것이라 지명하여 부르신
위대한 그분이
지금 여기까지 두 손잡아 주셨지.

못난 믿음 늘 부끄러워
부족한 감사에 얼굴 가리며
눈 시린 푸른 동천冬天 바라본다.

김 | 동 | 현

어머님 전상서

오늘은, 이미
천국에 속해 있는 당신의
지상에서의 흔적을 지우러
진주에 갔습니다

중앙시장 제일식당에 들러
어머님 좋아하시던 해장국물에
비빔밥, 가오리무침을
맛나게 먹었습니다

눈물은 나지 않았습니다
꿈에도 보이지 않으시니
좋은 데로 가셨나 봅니다
하고들 정담 나누었습니다

돌아오는 길엔, 채
다 차지 못한
어머님 같은 초닷새달이
두 눈에 아프게 들었습니다만
고개 저어 눈물 떨어낼 때

달도 쉬이 시야에서
물러서 주었습니다

그래도 미련에 뒤돌아보아지는 걸
한사코, 뿌리치고
내처
내달아 왔더랩니다

金 | 舞 | 影

잎사귀의 고뇌

무슨 소리일까!
합창으로 울리는 새들의 지저귐
마지막 잎을 향해 있다

푸른 이불을 뒤집어쓰고
창공을 붙들고 몸부림치는 잎새
서러운 피를 토하고 있다

내가 떠나 어느 이름 모를 항구에 닿을까 어부들이 나와 나를 반길까 그러다가 어떻게 될까 내동댕이치기도 하겠지 그러면 나는 무엇이 될까 강으로 갈까 그러면 강물이 바다로 인도하겠지 가다가 어느 풀섶에 서면 그때도 노랫소리 들릴까 그러다 몸이 불어 강바닥으로 앉으면 새들은 알까 나를 버린 그 나무는 나를 알까 나는 무엇이 될까 또 어디로 갈까

피를 토한 잎새는 푸른 허물을 벗고
제 발로 걷기 시작했다
얼마를 가면 몸은 더욱 야위어져 솔바람에도 휘날리겠지

김 | 미 | 숙

엑스트라를 꿈꾸다

근육질의 그가 가는 곳마다
적들 풀잎처럼 눕는다
빗발치는 총알도
주인공의 미소를 뚫지 못한다

저마다 주인공이라고
총알 난사하는 이승의 전투에서
나는 언제나 맨손의 엑스트라

삶의 모퉁이마다
후려치는 가시채찍
날 세운 손톱도 모자라
첩첩이 올무 함정

영화에서 주인공은 무조건 살지만
현실에서는 살아남는 자가 주인공

마지막 자막이 오를 때
박수는 바라지도 않는다
다만 오늘도

온전히 살아서 집까지 돌아가는
엑스트라를 꿈꿀 뿐.

*영화와 현실이 겹치는 아놀드 슈왈제네거 주연의 〈Last Action Hero〉를 보고.

김 | 미 | 옥

별을 호출하다

"흰 눈 사이로 썰매를 타고…'
빨간 캡슐 속 경비원 김씨가
별자리 101호에서 1808호까지
메시지를 송출하고 있다
호출부호 '징글벨'
경계가 모호해진 계절 위로
흰 눈 같은 종소리가 타전되면
산타를 잊은 아이들이 썰매 대신
인라인스케이트를 타고 달려 나온다

외줄을 타고 우주로 진입하는 엘리베이터
수직으로만 교신되는 속성으로
복도를 지우고 계단을 지우고
7층, 11층, 16층……
문이 열릴 때마다 별똥처럼 떨어지는 사람들은
발자국이 지워지기 전에 서둘러
제 번호를 찾아 등을 돌린다

호출부호를 잃은 노인끼리 등나무 아래 모여
흐린 안경알을 닦으며 밀도 낮은 점묘화를 그리는 동안

어느 별자리를 다녀온 것일까
막 도착한 엘리베이터 목덜미에서
왈칵 노을이 쏟아진다
인라인스케이트를 타고 돌아오는
아이들의 얼굴로 노을이 잠입한다

긴급하게 호출되는 '징글벨'
김씨가 부지런히 종소리를 송출한다
어둑해진 창에다 쾅쾅 별을 박는다

김 | 미 | 윤

나 무

나무는 허공에다
몸으로 그림을 그린다

밤새워 길어 올린 수액이
가지 끝에서
원색의 향연을 펼치고

실눈 뜬 보리밭 사이
허기진 세월이
자기 중량을 지고 가는 신새벽

노고지리 한 마리
돌팔매처럼
창공으로 솟아오르면

비정형 캔버스에 빗는
바람의 붓질 따라

나무는 스스로를 벗어던진 채
한 폭의 그림이 된다
의미로운 풍경이 된다.

김 | 연 | 희

묵정밭에서

풀을 뽑는데
그곳에 검은 숲 속 성城이 있었다

한 뼘 못미치는 발아래
뿌리가 뿌리에게
뿌리에서 뿌리를 뿌리로
성벽을 이룬.

푸른 야유를 날리며
단단히 붙잡은 호미 앞에 웃고
시퍼런 낫 뒤에서 벌레춤 추며
돌아서면 일어서는 도깨비 지국地國

건드리면 풍선처럼 터질 줄 알았건만
흙 속에서 번쩍 번쩍 부활하는
네가 무서워
나는 하늘이 더 무서워졌다.

김 | 영 | 곤

낙엽 지는 의미

떠나야 할 때 저리도 곱게
상기된 얼굴이라 서글픕니다
그 여정 어딘지 모르면서
채비를 서두르니 눈물납니다
울컥 애처로워 목메이는 뜻
핏줄로 나란히 살았었지만
뿔뿔이 정처 없이 흩어지고선
수신처 없는 어느 낯선 곳
그 어디메에서
서로의 외로움 달래어 가며
무작정 안부 기다릴 시간들
켜켜이 퇴적될 때문입니다
이상理想은 언제나 현실을 넘어
이별의 슬픔 따윈 방관하지만
떠난 자리 그리움 그대로
텅 빈 가지가지로 남습니다
끝내 마지막 저 잎새마저
홀연히 그리 가버린다면
나 그토록 사랑했던 가을도
불쑥 떠나고 말 것입니다

김 | 우 | 정

손톱 집에 세 들어 살고 싶다

코딱지만 한 방에 누워서 뒤척이다가
가장 일상적이고도
사소한 데서 행복이 온다는
어느 설문조사의 결과를 읽고
와르르 자존심이 무너져
손만 뻗으면
뭐든 쥘 수 있고 넣을 수 있는
나의 코딱지를 존경하게 된다
아침 공복에 사과 한 개를 집어 올려
한입 두입 베어 먹으면
질퍽거리는 인간적인 거리가
온몸으로 느껴지는 이 포만감
이런 코딱지 자존심으로
당신에게 갔다면
충분히 익숙해 질 수 있었을 텐데
지금은 당신이 후벼 파는
그 손톱 집에서라도
몇 달만 세 들어 살고 싶다

김 | 원 | 식

가을 길섶

가을은 고독의 계절
수확의 기쁨과
모자라는 채움의 불안들

높디 높은 푸름이
가을 단풍을 낳고
한 번 더 다짐을 걸치는 때

가을 길섶 서릿바람
훌훌 턴 낭만에
행복과 추억이
새롱새롱 지나는 시절…

김 | 인 | 호

유채꽃 길에

버들강아지 보시시
봄이 아장아장
강바람에 실려 온다.

초록 싱싱 보리밭에
노랑나비 흰나비
곡예曲藝를 한다.

모래톱 둔치에는
유채꽃 만발
노오랗게 물들이고.

종다리 노랫소리
이른 봄 설레이는
앙가슴은 물레질.

촘촘 유채꽃 이랑에
꽃길 하나 깊숙이
"…위하여" 나 있다.

연인들의 속삭임
밀어密語일까!
유채꽃 노랗게 탄다.

김 | 일 | 태

밤꽃 비린 날

소만을 겨우 지난 대암산 자락
늙은 달은 반눈 뜨고 보고 있지요
장복산 능성이 몽글몽글
드러누워 손짓하지요
그리 야단맞으면서도 절로 밤마실 나서게 되던
스무남 살 때의 봄밤처럼
때맞추어 핀 밤꽃 비린내
오감을 간질이지요
뻐꾸기 소리 꾸득꾸득 익어가는 밤
까무락 까무락
동네 불빛은 멀지요

김 | 정 | 숙

공을 차고 싶다

학교 교정을 지나가다
공을 차고 있는 동네 청년들
내 발치에 공 하나 떨구어주네
휙 차서 도로 날려 주고 싶네
허공이 휘청하도록!
그렇게
오랫동안 내 안에 갇혀 있던
하고 싶던 말들이
조금씩 문을 열기 시작하고
옹이 진 가지 우지끈 부러져
끙끙 앓던 기억들
함박웃음 피우겠지
공을 차고 싶은 밑바닥에는
마음에 가시가 수없이 박혀 있느니
이 바보야 멍청아 못난 것아
마디 잠든 내 무거운 삶을
깨우다 때려주다
가난한 마음을 들고 빠져나갈 것을
발가락이 발목이 얼얼하도록
나를 차고 싶던 그날
운동장 귀퉁이를 왁자지껄 돌아가는 아이들

김 | 혜 | 숙

破紙를 두고

파지를 바라본다
구겨져 던져진 나를 바라본다
마음에 차지 않는 내가 찢겨져 버림받는다
꺼져가던 나를 일으키는 영혼의 분신
메말라 사그라드는 나를 보살펴
촉촉이 피우기도 하니
이는 한 목숨의 다른 맥박으로는 아닐 것이다
생각의 웅크린 방을 드나들며
적요로움을 흔들며
상한 나를 간추려 기우며
열망을 갈무리할 때쯤
어룽어룽 떠돌던 내가
몇 개의 빛줄기에 끼여 홀연히
백지 위에 그려지는 것

내가 내 마음을 얻으려
한 장의
글썽이는 그림자로 지나가는.

남 | 기 | 태

遊燈

하늘에 올리고자
바램을 엮어
마음가짐 바로 하여
바람은 길을 내고
밤은 조심스레 비켜선다

가야 할 곳이
찾아야 할 일들이
소망과 꿈으로
속살을 내비추어
진실을 말하다

한순간 머무를 곳이니
약속을 하지 말자
이제 먼 길 떠남은
이별을 위함이 아니다

사랑으로 어두움 밝혀
유등遊燈이 되다

노 | 창 | 재

백수論

호랑이가 앞이마에 "王"자를 새기고도
바람에 수염을 맡기며 홀로 외롭듯
감춘 이빨, 감춘 발톱과 같이
무시로 드러내지 않는 법
뒤를 어슬렁거리되 기품을 잃지 않고 흔들리지 않아야 한다
골짜기를 포효하되 주변을 다치지 않게 하며
먼발치에서 바라보아도 항상 위엄과 기백이 서려
배경을 따뜻하게 하는 풍경의 중심이 되어야 한다

고프고 주린 날이 오래오래 머물더라도
맑고 형형한 눈빛으로 견뎌 낼 줄 알아야 한다
눈발 휘몰아치는 매서운 들판에서도 한 겹 더
옷을 걸치지 않아야 한다

그러나
선의의 경쟁을 피하지 않고 다수의 안녕한 질서 속으로
언제나 몸을 맡길 준비가 되어 있어야 하고
정의의 함몰, 위선과 병폐 횡횡한 골목을 마주치게 되면
그때는 가차 없이
이빨과 발톱을 세워 분연한 일전을 불사하여야 한다

다만, 죽어서도
가죽을 남겨서는 아니 될 것이니.

류 | 재 | 상

또 하나 4월 風景

새싹과 참새가
저녁놀 질 때까지 소꿉을 산다
4월, 그 파란 앞치마 입고
짹짹짹 파릇파릇 여보, 당신 하면서
소꿉을 산다
저쪽 하늘쟁반에 동그랗게 놓인
따뜻한 봄바람 한 접시,
그 옆에
복숭아 진달래꽃 그 빨간 찻잔 두 개,
행복한 새싹과 참새 부부,
아침부터
봄비 낳아 아주 촉촉하게 기르고,
하루 종일 파릇파릇 짹짹짹
여보, 당신 하면서

오늘도 저녁놀 질 때까지 소꿉을 산다

문 | 봉 | 규

해탈암

산초 열매에 취해
바람은 길을 잃었나

불개미 자국 따라
무당벌레 하나
가도가도 굽어진 산길

댕기머리 수척한 고개
등 굽은 억새꽃

동자스님 굴참나무 아래
누구를 기다리나

탁발 간 햇살
돌아오는 길

양 볼 터질 듯한
다람쥐 한 마리

꼬깃꼬깃 두 손 비비며
바람 소리를 듣고 있네.

민 | 창 | 홍

풍수원* 가는 길

홍천에서 횡성으로 가는 국도
길은 있으되 길이 없어
가다 서며 길을 묻는다

가을은 상기된 얼굴로 내려와
가로수 밑에 수줍게 쪼그리더니
어머니의 넉넉함으로 길을 덮어준다

숨어서 담배를 처음 피워 보았다던
씩씩한 훈련병 아들은 뒤를 돌아보지 않고
막사로 뛰어갔는데

화전 일구며 살아가던 사람들, 그랬을까
이따금 산자락에 나타났다 사라지는 그리움
기도는 낙엽처럼 거리를 뒹굴고

어디로 가고 있는 것일까
이정표는 깊은 골짜기로 숨어들고
산 그림자 사이로 낯선 꼬리표처럼 길이 흐른다

산이 산에 숨어서
신념의 꽃으로 우뚝 세운 십자가
길 잃은 사람들 반기는데

첩첩산중
바람은 소리 내어 운다
우리 아들은 어디로 배속될까

등 뒤로 뿌려지는 저녁 햇살
풍수원의 일용할 양식인 듯
따뜻하다

*풍수원 : 강원도 횡성군 서원면 유현리 마을로 1909년 완공된 고딕양식의 성당이 강원도유형문화재 제69호로 지정됨.

박 | 경 | 영

하아얀 시인의 사랑

한둔의 새벽
무릎 시린 낙엽의 곁자리

사람과
　　　　세상과
　　　　　　　　하늘에
올리는
하아얀 시인의 기도
한 줄의 시

어느 이웃
어느 한 가슴엔가
따뜻한 위로의 눈물로
오래 오래 남을 수 있다면

늘
은밀한 중에 보시는
하늘께서도 이를
사랑이라
사랑이라 다독여주지 않으시리.

박 | 구 | 경

평화롭게

누구나 돌아갈 때면 가장 간단한 차림이 된다
다만 어머니가 들려 준 배냇저고리의 착한 기억을 손금 속에
가만히 쥐고
콩꼬투리 돌아나가는 바람처럼 부드럽고 평화롭게

박 | 노 | 정

고 백
−7번 도로 등명 낙가사에 주저앉아

불문곡직

스미고 싶다
참 오래 묵은 내숭
털어내고 싶다

등명燈明 등명燈明
이글거리는 화두로

이슥토록 너
라는

불립不立의 문자文字로

朴 | 尙 | 善

黃砂

꽃 피는 춘삼월이라 좀 있으면
짝사랑하던 앞집 처녀 화관花冠을 쓰고
혼례婚禮한다 하니
억장億丈이 무너지는 떠꺼머리 총각 마음이야
오죽했을까?
먼 고비의 바람까지 모셔다 두고
가시는 길 막아보자는 심사가 어련했을라고

내 사랑이여 가지 마라 하여도 세월 따라
오고 가는 것의 이치라
꽃이 피려 할 때도 아픔이 솟는다.
놓아 줄꺼야
잊지는 말아라! 행복하게도 살아라!
풀잎에 맺히는 건 아침이슬뿐인데
모래바람 속에서라도 감추고 살아라.

나는 어찌 이 계절에 슬픈가?
내가 걸어가는 길
앞이 보이지 않아 문득 가만히 서서보니
들에서 외양간에서

쫓겨나 팔려가던 우리 집 누렁이
왕방울만 한 동공에 닭똥 같은 눈물 주르르 흘리며 나서던
황우 등허리처럼
온 천지가 누렇기만 하다.

박 | 서 | 영

꽃 게

뜨거운 물에 들어가면
등가죽이 붉어진다
등가죽에는 요즘 유행하는 지퍼가 없다
자궁의 뚜껑이다
노랗게 꽉 찬 자궁을 끌고
어딘가 돌아다녔을 것이다
텅 비면 죽는
몸의 아마존 지역
그것을 지키려고
우리 몸에는 붉은 등딱지가 있다
딱지를 벗기면 참혹이 드러난다
참혹에 비벼 먹는 밥 한 덩이

식탁 위에 솟아오른 태양의 무덤
오늘 저녁의 식사는 태양을 파먹는 거다
바다를 파먹는 거다
너의 아마존을 게걸스레 파먹는 거다
몸의 회복을 위해
눈부신 태양의 무덤에 간다

박 | 용 | 진

고 백

어머니!

또래의 인연으로 만났더라면
목숨 걸고서
아버지에게 빼앗기지 않았을 것입니다

박 | 종 | 득

그리움 · 3

밤새
너를 덮고
잤다

참
따스했다

눈뜬
새벽은
추웠다

배 | 종 | 애

봄맞이

봄볕에 나앉아 사과를 먹다가
씨앗조차 깨물었다

"단 육질은 먹으시되
씨앗은 뿌려주세요"

마침 지나던 봄바람이
내 뺨을 찰싹 때리고
지나갔다

창밖에 화단에선
새싹이 솟아나고 있었다

배 | 한 | 봉

달 력

일상적이지만 단 하나도 생략할 수 없다
삶과 죽음처럼 냉정한 경계 속에 늘 놓여 있다
흰색과 검은색처럼 가장 단순하면서 가장 복잡하고
희망과 절망을 마법의 씨앗처럼 키우며
하루 내내 한 달 내내 일 년 내내 나를 감시한다
그러나 전혀 나를 지켜보지 않는다
무수한 기념일과 약속이 붉은 동그라미로 기록되는 곳
그러나 그것에 전혀 관심을 가지지 않는다
가장 허망하고 지루한 반복이 있을 뿐이다
멀고 먼 곳도 한 걸음으로 시작되듯
한 걸음을 생략하고서는 어떤 곳도 결코 가 닿을 수 없듯
한 번의 추월도, 한 번의 멈칫거림도 없다
단 한 번의 리셋도, 단 한 번의 리필도 없다
알면 알수록 깊어지는 물거품 같은 일상도 없다
이탈도, 일탈도 존재하지 않는 곳
가장 성실하고 가장 정직한 삶이 있을 뿐이다
가끔 비키니 수영복을 입은 새들이
싱싱한 나뭇잎을 팔랑거리며 계곡 물소리에 젖고
피카소와 밀레와 고흐가 앞뒷집에 앉아
언제 찢겨 나갈지 모르는 운명을 모자처럼 눌러쓰고 있다

희망으로 시작해 쓸쓸함으로 끝나는 숫자의 집
시작과 끝이 명료한 종이 거울 속에
365개 내 눈동자가 촘촘히 박혀 나를 바라보고 있다

서 | 인 | 숙

태양신의 꽃

구름 속에 갇힌 태양은 천년의 얼굴을
내밀어 여기 가파른 세상을 빗물로 적시네

너 오길 천년을 기다렸어
성城은 간데 없어 오직 당간지주만 남아
푸른 들녘 속에서 나를 맞아주네
지주에 새겨진 커다란 연화문은 하늘을 날듯
땅 깊숙이 가라앉듯 무수한 말을 침묵으로
새기네
태양신을 닮았는가
빛이 된 말
비에 젖은 이끼 만발한 돌의 꽃
어느 세월의 미로에서 신라가 버리고 간
허공 속의 이름 없는 새이던가
너 오길 천년을 기다렸어
그대 찾아 한 생을 헤매었어
온통 푸른 들녘은 해일처럼 솟아오르네
아무도 없는 고독뿐이네
비는 쏟아지고 있었다.

서 | 정 | 홍

들녘을 걷다가

잘생긴
늙은 호박 하나 따는 일
쉬운 게 아니더라.

심을 자리 밑거름 넉넉해야 하고
튼튼한 씨앗 있어야 하고
무럭무럭 자라도록 돌보아야 하고
애호박 열리면
어떤 유혹에도 따먹지 말아야 하고
모진 비바람 견딜 수 있도록
자리 잡아주어야 하고
다른 사람 손 타지 않게
틈만 나면 눈길 주어야 하고
서리 내리기 전에 따야 하고……

하늘과 땅과 사람이
서로 나누고 섬겨야만
늙은 호박 하나 딸 수 있으니

그대여, 들녘을 걷다가
늙은 호박 하나 눈에 띄거든
그냥 지나치지 마시라.

성 | 기 | 종

지리산의 밤

초록의 잎새들이
산새들을 울리고 있다
거울 같은 물소리는
노래를 부르며
깊은 계곡을 흐른다.
산채나물이
지표를 뒤집는 모습이
보인다.
수정 같은 맑은 하늘엔
계수나무 그늘이 선명하다
문명이 밀어낸
적막한 고요가
넓고 자욱한 수해樹海를
잠들게 한다.
고로쇠 수액을 따는 줄이
정맥靜脈처럼 얽혀
정상에서 집으로 간다.
먼 동쪽부터
아침 햇살이 무늬지고
산자락에는 산수유 꽃이
흐드러지게 피었더라.

성 | 선 | 경

綠陰

처음은 늘 그러하여서
나는 절대 알 수 없었지
그대가 내게 눈으로 던진 마음의 표창 같기도 하고
그 마음을 이미 다 알아차리고
다소곳이 고개 숙이고 그늘을 드리우는
귀 같기도 한 것이어서
뻐꾸기가 울기 전에는 절대 푸른 그늘은 알 수 없었지

어디서 저렇게 많은 귀들이 엿듣고 있었는지
그 깊은 푸른 마음을 다 알 수 없었지

내가 가볍게 아주 가볍게
실없는 농담弄談같이 주절거린 실바람 같은 것에도
다 귀를 기울이고 적어놓았다는 것
나는 결코 알 수 없었지
사랑이라든가 젊음이라든가 이런 것
다 처음이었고 이제 막 눈뜨기 시작한 것이어서
그 기록을 읽을 수도 없었지

어디서 저렇게 수많은 귀들이 순식간에 모여들어서

그늘 속에 뻐꾸기의 울음을 감추고 있었는지 알 수 없었지

푸른 그늘의 기록
슬픈 녹음錄音이여
아주 마음 여린 귀들이여

이젠 그만 뻐꾸기는 놓아주어라
제발 그만 뻐꾸기는 놓아주어라.

손 | 미 | 영

초여드레 달빛

강보에 싸인 아기 첫 마중하는 가슴인가 어둑한 하늘은 덧니 사이로 살풋 흐르는 어미 미소로 바다에 들었는가 어른거리는 물살마다 달뜬 가슴, 바다 건너 어둔 섬 하나 제 그림자 물 숲 디딜 때, 여린 바람에 놀란 영靈이 올라 말간 웃음 번지는가! 초여드레 남쪽 바다에 달빛 물들었다

신 | 계 | 식

겨울 不忘記

늘 시퍼런 추위 배고팠던
두루치네, 둘째 아들 흙벽 기대
누런 코 마시며 섰는 해바라기

피란살이 삯 받아 이고 진 엄마
치맛귀 잡고 따르던 예닐곱 딸아이
발그레 언 볼.

마른 내 섶다리 아래 머리 박고
파르르 떨며 죽어가는 산새 한 마리

눈발 속 고개 너머 사라지는
안택安宅굿 마친 무당 내외

도봉산 전철역 남루 절정 유기견
칼바람 속 마주친 그날 물기 번진 눈매

신 | 용 | 찬

손자의 웃음

피는 욕심이 많은가 보다
온 들에 핀 꽃이 다 예뻐도
가슴 조이게 하지는 않았는데

나도 벌써
모든 일 벗어야 되니
가슴이 빈 탓이다

낙락장송에 바람만 불어오니
발치에 자라는
애기솔만이
소망이요 기쁨이다

沈 | 義 | 芳

땅끝에서

간간한 갯내음에
한가로움 가득한 갯마을
누구라도 얼싸안고 넉넉잡아 세상살이 나누다
고즈넉이 드러누워도 좋을 포구浦口
땅끝마을

점점이 섬들이 징검다리 놓아
발길보다 마음은 대양大洋을 향하는데
머뭇머뭇 서성거리다 뒤돌아서면
남령*을 자박자박 소백을 거쳐 백두대간으로 치달아
끝머리, 천지를 한 아름 품은 백두산
그 백두산 너머의 옛 대륙의 땅이 생각나는지……

대륙을 삼킬 듯 말발굽 소리 대조영의 호통 소리
안시성 활시위 소리 승전보에 하늘 찌를 듯 병사들의 함성
하늘 솟을 광개토대왕릉비를 어루더듬는 바람 소리
왜 귓가를 맴도는지……

지구 한 바퀴 돌아도 거칠 것 없이 트인
난바다 휘적거릴 햇발 달음질 거침없는

땅끝마을
맑은 날 한라봉도 손에 닿을 듯하다는데
조금 비켜보면 대마도도 그 너머도 보이겠지.

*남령 : 전라남도 해남군海南郡의 삼산면三山面 · 현산면縣山面 · 북평면北平面 · 옥천면玉泉面에 걸쳐 있는 산의 연봉. 해남산맥, 두륜산맥 또는 남령산지라 일컫는다.

심 | 재 | 남

고 향

그해
내 나이 열두 살
동생이 다섯

보릿고개 넘자고
아버지는 장리쌀을 한 가마 얻어와

섬돌 위에 두고
잠이 드셨다

그날은 보름이었고
배고픈 도둑은
우리의 일용할 양식을 둘러메고
푸른 달빛 사이로 사라져 버렸다

한 톨도 먹어보지 못한 장리쌀
수십 년 동안
복리로 불어난 가난

그 아득한 세월을 건너오면서

쓸쓸히 떠오르는
얼굴 모르는 도둑마저

그리움으로 남는
그곳.

심 | 재 | 섭

무너진 모래성

세상 밖 내다보니
오늘도 목이 쉰
상처받은 그 사람
설마 하고 던진 돌
시퍼렇게 멍이 든다

비껴서라 소리치고
끌고 가는 짐꾼처럼
남의 말 듣지 않고
자기 말 앞세워 가는
그런 사람 허다하다

짓궂은 장마철에
우산 없이 혼자 가다
비에 젖은 사람들
날조된 댓글 앞에
무너진 모래성아!

안 | 동 | 원

어머니, 가을이 왔습니다

보라색
들국화 향기가
당신을 안고 있습니다

가을 양지 끝 골라
무말랭이, 호박우거리, 빨간 고추를
바지런히 갈아 뉘는

속마음
짙은 향기를
손끝에 묻혀

온 집안을
곱게 물드는
낙엽처럼 달구시는

당신의 마음을 타는 가을 불길에 묻으렵니다.

안 | 인 | 수

모기와 손바닥

건방진 모기 한 마리
눈앞에서 아른거린다
손을 뻗는다
주먹을 불끈 쥔다

아! 꿈틀대는 손등의 근육이여
꽉 쥐어진 손아귀에 깃든 힘의 충만함이여
드디어 놈의 피맛을 보게 되는가 보다

손바닥을 활짝 펼친다
웬걸
생생한 모기 녀석 눈앞에서 얼쩡대다
얼른 달아난다

아! 한낱 미물도 죽이지 않는
한 손의 악력의 중심아
참으로 다행이다, 다행이야

안 | 한 | 규

내 그림자 밟고 서서

너는 성인군자다
보이든 보이지 않든
짧든 길든, 굽든 높든
흙이든 물이든
챙기든 말든
좋든 나쁘든
다 아우르고 거두시다니
너가 성인군자로다

강한 자 앞에선 내세우고
약한 자 앞에서 없는 듯 낮추니…

내 마음 얕아서
조금 더하고 덜하고
용렬스런 마음 하나로
세상 혼탁시키고
다른 이들 슬프게 하나니
앞서든 뒤서든
굴곡마저 탓하지 않는 널
밟고 선 내가 부끄럽구나.

안 | 화 | 수

장작불

아무리 바싹 마른 장작개비라도
밑불 없이는 처음부터 호락호락 댕기지 않는다

장작은 헤프고 가벼운 불쏘시개 도움으로
몸을 서서히 데웠다가 이내 활활 타오르는데
주위가 새파랗게 밝아지면서 오르가슴에 이르면
마른나무 젖은 나무 가리지 않는다
심지어 재활용 불가능한 할아버지 구두에서
고물상 넝마에 이르기까지
주는 대로 닥치는 대로 삼킨다

반백 넘어서는 내 인생도
잘 익은 불꽃처럼 활짝 피어나기를

산비탈에서 내려온 굽은 참나무
한 묶음 장작더미 되고 싶다

양 | 곡

智異山

지리산은 말을 하지 않는다 풀 나무 꽃 바람 철 따라 갈아 끼는 지리산의 하늘 지리산의 길은 말을 하지 않는다 제석봉 고사목지대에 오르거나 천왕봉에 올라 일출을 맞이해도 지리산은 말을 하지 않는다 하산길에 장터목 계곡 홈바위 부근에서 잠시 발을 풀어도 너덜겅 사이를 흐르는 지리산의 물은 말을 하지 않는다 지리산에 들어가면 산은 말이 없고 사람들만 끼리끼리 모여 지리산을 이야기한다 사람들만 산을 나와서도 한동안 지리산을 말할 뿐,

염 | 민 | 기

하늘과 땅 사이

하늘과 땅 사이에는 뭐가 있는지 아세요
엉뚱 발랄한 여중생 1학년인 주영이가 묻는다

허공
공중인가
구름 별 달 해?

뻔한 답이었는지
에이 그렇게 쉬운 것도 모르세요
'과' 라는
접속어가 있잖아요 하며
까르르, 저들끼리
때를 기다린 알갱이처럼
상큼하게 터진다

한순간
하늘 땅 사이
과
의 음절로 환히 이어진다

저만치 교복치마 나풀나풀
깨금발로 뛰어가는 아이들을 바라보다

문득,

우리가 살며 살아가며
만나고 헤어진 모든 것들 사이에는
어떤 접속으로 연결되어 있을까
당신과 나 사이에는
그 무엇들이 어렵게 있었을까 생각하다

근데
'과' 가 접속어였나!

오 | 삼 | 록

시인의 말

지우知友 하나

있으면 좋겠다

말 못한 가슴

보듬어 안고

툭툭 등을 두드리며

그래그래,

산장의 불빛 같은,

길 잃은 섬

등대 같은,

오 | 하 | 룡

단 감

이순신 장군 백의종군로 답사 길에 장군이 삼도수군통제사로 다시 어명을 받았다는 손경례 가에 들어서던 참이었다. 골목 입구에 굵고 탐스런 단감이 가지가 찢어지게 늘어져 있었다. 지나가는 모두가 "야! 그 감 맛있게 생겼다." 탄성을 질렀다. 마침 단감을 따고 있던 아낙이 그 탄성을 예사로 듣지 않고 감 한 개를 우리 일행 누구에게 주었다. 감을 받은 그가 몇 조각으로 쩍 갈라 주변 사람들에게 나눠 주는 것이었다. 어쩌다 나에게도 한 조각이 돌아왔다. 얼떨결에 맛좋게 받아먹기는 하나 이렇게 체면 없이 먹어도 될까 하는 생각을 하는데 그 감을 주던 아낙이 "선생님들, 나중에 이 감 좀 사가지고 가이소." 하는 게 아닌가. 나는 손경례 가에서 단체 사진을 찍을 때나 그 집 뒤란을 둘러보고 잠시 장군의 외로운 한때를 생각할 때나 골목 입구에 550년을 산다는 느티나무를 보면서도 아낙의 그 말이 따라붙어 영 자유스럽지 못했다.

윤 | 덕

화성인

어떤 일개미가 물고 온 일흔여섯 칸짜리 통장에는
해묵은 일기장이 들어 있다
제 살을 에던 껍데기들 희뿌연 거미줄처럼 얽혀 있다
화성에서 명왕성까지 신작로를 내고
나무장사로 집을 사고
명왕성에서 둘째 마누라를 얻어
화성으로 되돌아온 시간
새끼 빠져나간 쭈글쭈글해진 빈 알집이다
간판 낡은 전당포 맡겨진 죽어가는 시계이다
제 위장을 잘라낸 칼날로 알집을 터뜨리고
멈추었다 까딱거리는 초침 소리

(아야, 석이 아재가 통장을 무누 저 어매한테 줬다더라)

미리 해놓은 뫼자리 희번덕거리는 풀빛
끈끈한 내 기억을 너무 빨리 마셔버린 까닭에
자꾸만 간질거리는 목구멍 밑으로
구불구불,
신작로 하나가 또 나고 있었다.

윤 | 덕 | 점

크리스탈사우나

가네보가 뭐꼬
그런기 있다 일제 메이커 속옷
속옷? 그라모 내도 속옷 이야기 좀 하께
오늘 낮에 내가 시장통 빵집 옆을 지나가는데
속옷 가게에서 자꾸 들오라 안쿠나
그래서 언니랑 둘이 들어갔제
들어가이 내보고 자꾸 속옷을 입어보라 쿠는기라
그래 시키는 대로 옷을 입는데 당최 옷이 들어가야 말이재
오른쪽 젖을 밀어 넣으모 왼쪽 젖이 밀리 나오고
사람을 똑 통돼지바베큐 하듯기
이리 돌리고 저리 돌림시로 야단인기라
첨엔 멋도 모르고 시키는 대로 하다보이
땀은 팥죽같이 나고 숨이 막혀 딱 죽겠는기라
언니는 옆에서 저기이 혈압이 높은데
쓰러지면 큰일이라 캐쌓고
내 몸무게가 70키로가 넘는데 그걸 입힐라쿤깨
저거들도 힘깨나 들었겠제
그 뭐 메이커 속옷이라 카는데
그기이 한 벌에 백만 원쯤 한다쿠데
팔아묵을라꼬 선풍기를 틀어주고 별짓을 다 하더마

그 속옷이 몸매를 보정해 준다캐서
그거 입고 조항조 쑈나 함 보러 갈까 하는 욕심에 입었던 거라
내는 부아가 나서 욕하며 들길을 걷다가도
조항조 그아만 생각하면 얹힌 기 훌렁 내려가고 그랬거든
인자사 말이지마는 그기 내 몸매에 가당키나 한기가
정신을 차리고 생각한께 억지로 입는다캐도
예삿일이 아이든마
벗을 때는 또 우짤낀데
그래서 마 안된다꼬 어른 벗기라 캤제
뱁새가 황새 따라가모 가랑이 찢어진다는 옛말 하나 그런거
없다
너거들도 내 꼴 당하기 전에 하고 싶은 거 마음대로 해라
세월 앞에 장사 없제
가네보고 뭐시고 다 때가 있는기라

윤 | 종 | 덕

겨울나기

손잡이 잡고 돌려
불을 피우자 꽃이 필까
살짝 누를 때 튀는 불꽃
화염은 이내 인정을 밝히고
넓은 쪽 여닫이
좁은 가슴 데워준다
생활고生活苦 걱정 때문일까
곧이어 좁은 면을 누르자
넓은 불덩이 판 뜨겁게 달아오르고
여전히 차가운 겨으레
여닫기 평행으로 열어젖힐 때
온통 뜨거워지는 세상
개폐기가 마음을
좌지우지하는 사이
앞산 아지랑이
굳게 닫힌 문 두드린다
봄꽃이 피고 있다

윤 | 향 | 숙

국화 한 다발

설렁탕집을 막 가로지르는 자전거

뚝배기에 김이 모락모락 나는 간판을
삼거리 모퉁이에서 건널목까지
머리카락으로 금을 그으며 달리는 낡은 자전거
돌돌 만 신문지에 국화 한 다발 싸여 있다

불편한 다리 한쪽으로 넘어질 듯
아슬아슬하게 돌아가는 페달
쩌렁거리는 울음소리가 귀를 울린다

갈바람 양버즘나무의 얇은 껍질을
연방이라도 벗겨 내릴 듯
허름하게 싸인 신문지 사이로
비비적거리며 얼굴을 묻는다

막 꺼진 간판의 온기가 전해지듯

어젯밤 누이가 문문하게 쪄 준 고구마처럼
아니, 오래 삭힌 김치를 밥 위에 올린 맛처럼

얼굴에 비치는 밥자배기만 한 국화 한 다발

한쪽 발을 대신해 페달을 돌리고 있다

이 | 경 | 연

용지호수는 지금 연애 중

샛푸른 맑음이다 눈 시린 수면은 바람의 고백을 듣는지 빛티들이 톡톡 튄다 벤치에 앉은 여인 둘 스카프를 살짝 날리며 입맞추어 수다를 떨다 웃음보를 터뜨린다 호수와 하늘은 눈맞춤 중, 호수의 속내를 알아차린 구름이 뒤꿈치를 슬몃 들고 물속으로 들어오자 오리 세 마리 줄지어 하늘에다 요뚱조뚱 문자를 보낸다 낮달이 빙그레 ^^♡ 답장을 보내왔다고 수련 잎이 방금 귀띔을 하더니 원주름 지며 입소문을 낸다 뭐가 좋은지 색붕어 두 마리도 연방 입맞춤이다 스피커에서 교향곡이 잔잔해지자 마음 맞춤한 이들 끼리끼리 몇 바퀴씩 호수를 돌다 가고 무지개가 발 씻던 어귀목에 영혼의 더듬이로 길을 찾아가는 고집 센 당나귀가 되어 나는 엉거주춤 섰다 앉는다 (사랑 중인지) 솔숲도 붉은색 자켓을 입었다 옷맵시 좀 보게 가을 티가 나네.

이 | 광 | 석

강물의 나들이

평소 사이가 안 좋은 두 샛강이 강의 들머리에서 만났습니다 한쪽이 먼저 가겠다고 하자 다른 한쪽이 제가 먼저라며 앞을 가로막았습니다 뒤따르던 물이 앞서간 물의 행방을 깜빡 놓쳤습니다 물 스스로도 앞뒤를 분간 못할 만큼 경계선을 지워버렸습니다 바로 그때 나이 든 강물이 싱긋이 웃었습니다 화해의 어깨를 내주고 제부터 몸을 낮추는 삶의 존재 방식을 가르쳐 줍니다 오랜 항해의 잠에서 깨어나 바다의 발끝에 당도했을 때는 아무데도 샛강의 흔적은 남아 있지 않았습니다 물의 어머니인 바다는 제가 누구네 집 몇째 딸인지도 몰랐습니다 오늘은 조금 성숙해진 강물 두 자매가 손을 마주 잡고 나들이 갑니다 물속에도 길이 있다는 것을, 바다로 물머리를 돌리는 일이 얼마나 편안한가를 강물은 압니다 쌍가르마 보듬고 나풀거리는 댕기처럼 강의 아침은 아직도 눈부신 소녀입니다

이 | 규 | 석

지우개

사람 사이에도
지워야 할 것들 있다

아무리 꾹꾹 눌러쓴 글씨라도
다시 써야 할 땐
깨끗이 지워야 하는 것처럼

지워야 할 것들 지우지 못하는 그 고집
코브라같이 고개 빳빳이 들고
혀 날름거리며 사람 등지는 걸 보면

지우개 하나쯤 가슴에 품고
스스로 닳아가며 살 일이다

이 | 달 | 균

풍속도

극장을 나오며
모두 손전화를 꺼낸다
약속하지 않아도 너무나 익숙한 연기
위성과의 교신은
일상으로 가는 통과제의

안 받데?/어, 영화/어제 말한 그거? 잼데?/별로/리얼리티는?/깨뿔/하긴 없는 게 리얼리티지/모하니?/넌?/배고파서 라뽂/누구랑?/신경꺼/외계인이랑?/신경 꺼래도/좋겠당/부럽냐?/응/너 가져

문자는 하늘로 가고
구름에 부딪힌 말들은
증발한다.
빗방울이 되지 못한
허공의 입자들
흩어져
끊임없이 과거가 되는
파편,
문자의 파편

이 | 명 | 호

가을 저녁

낮이 짧아
점점 어두워지는
시간 넘어
그림자 서둘러 거두는
느티나무 가지 사이

초저녁 별
푸른 숨소리가 들린다.

이 | 부 | 용

그림자가 짖다

집 비켜 나온 노신사

바람들이 옆에 기웃거릴 뿐

휘어진 길목

빈 의자 위에 침묵 한 장 깔고 앉았다

차바퀴들이 그의 눈빛 밟고 지나간 뒤

쪼그려 앉아 있는 그림자 한 자락

주인 눈치 보며

내 등 뒤로 컹컹 짖어대는 소리에

튕겨 흩어지는 언어

은빛 발린 퇴직

무관심의 내벽內壁에 달라붙어

자꾸만 끈적거리는 아침의

퉁근길

이 | 산

나무의 겨울

입는 몸과 벗는 몸 반반이네 벗는 게 좋지 따스하지 벗은 여자와 한몸으로 있는 동안은 늘 그랬지 순간이었지 너무 짧지 않든가 나무들이 그걸 제일 잘 알고 있네 껴입을수록 시린데가 더 많은 법 사이가 벌어지는 법 벗으면 벗을수록 묘하게 메워지는 틈, 혹한 삼동을 넘기는 내공을 나무들 터득하고 있었네 빈틈없이 나이를 먹는다는 건 촘촘한 나이테를 만드는 것 두껍게 입는 내 몸은 듬성듬성 성기고 있네 떨고 있네 벗은 몸이라야 옹골지게 껴안을 수 있지 사이와 사이를 바짝 끌어당겨야 아물어지지 따끈해지지 잠깐이네 이 겨울, 응달과 양달 반반씩이네

이 | 상 | 규

늦가을

그 여자 속눈썹이 파르르 떠–네
지천명이란 말
아는지 모르는지
그냥 무연히 그 너머를 보고 있네

몸 한 번 마음대로 열지 못하고
꿈만 꾸다
삭정이같이 모질어진 세월
무망의 어깻죽지 아득하여 휘청이네

사랑은
희끗희끗 젖은 머리 말리며
말없이 제 그림자 끌고 가는 것
멀찍이서 눈길만 따라가다
빗줄기 사이로 놓아버리고
무춤무춤 장승처럼 바라보는 것

늦가을 짧은 해가
적막한 심사에 칼질하고
노을에 몸을 묻는 저녁
가만히 새끼발가락만 만지작거리네
마루 끝에 나앉은 그 여자.

이 | 서 | 린

버스정류장

여름이었네
그늘도 없는 버스정류장
소녀, 상기된 얼굴로 버스를 기다리네
마을은 아직도 개발 중이고
포크레인과 덤프트럭의 먼지와 소음 속
태양은 마을을 통째로 굽고 있네
다리 밑에서 주워왔다는 어른들의 오래된 이야기
소녀, 태어난 곳 가야 할 곳 알지 못한 채
버스만 오면 그곳까지 갈 수 있다고 믿네
구름이 새를 만들고
신기루가 강을 만들 때에도
마을은 여전히 공사 중이네
아무리 기다려도 버스는 오지 않고
조금씩 길어지는 소녀의 그림자

팻말이 희미해진 버스정류장
소녀, 아직도 거기 서 있다네

이 | 소 | 리

분꽃 씨를 받으며

분이야
오늘 저녁에는 반달이 떴어야
니 반달과 내 반달이 서로 만나
아기 분이 하나 쑤욱 낳고 나모
까아만 그믐으로 변한다는
그 반달이 내 맘에 걸렸어야
분이야
니 눈빛 닮은 별들이 총총 반달을 빤히 비추고
반달 속에 니가 피고지고 피고지는데
분이야
니는 지금 오데 있노

이 | 영 | 자

고향도 틀니를 하였구나

석류알 같은 잇속 환하게 열고
나 왔어요
소리치면서 맞받아 안기고 싶은 곳
지는 해 동무 삼아 틀니 물고 들어서니
아, 고향도 틀니를 하였구나
점례집!
어금니 같은 언니집도
사랑니 앓으며 드나들던 희자네도
떠나 움푹 움푹
젖니 뽑아 용마루에 던지면
산까치 채 가던
대문니 자리 내집 찻길 되어 바쁘네
마을 앞
농공단지 등딱지가
위 아래 틀니로 버티는것가
사람들 문전옥답 대신
틀니로 밥을 먹는구나
고향도 틀니로 나를 맞는구나

이 | 원 | 명

꽃등

－벚나무 아래서

병정처럼 늘어선
봄 햇 살 무 늬 에

넘실넘실 파도를 타며
올망졸망 내려앉은 그리움

유년의 그 순수

눈 틔운 나무들의 아우성으로
미완성의 낮달이 뜨고

투명한 꽃잎의 입맞춤에
방그르르 꽃등을 켠다.

이 | 월 | 춘

부처가 사는 산
–금강산에 가서

법기法起보살이 만 이천 명의 제자를 데려와 한 명씩 앉혔다는 일만이천 개의 봉우리에 팔만아홉 개의 봉우리가 있었던 그때 산은 거대한 불국토佛國土였지. 유점사, 신계사, 장안사, 표훈사, 마하연, 묘길상, 보덕암. 골짜기마다 능선마다 부처의 숨결이 흐르고 수행의 정적이 내 등짝을 후려쳤다. 부처님이 사는 동해 한가운데 있다는 금강산. 진해 경화 닷새장 채소전 아주머니에게서 반야심경을 읽었는데 여기서 금강반야바라밀경을 보다니. 신계사는 목숨 걸고 수행했다는 효봉스님(1888~1966)이 출가한 곳이라 홀로 떠드는 동포 처녀여. 생에 대한 저 집착들을 끊고 나를 허물게 하라. 바위마다 이름을 새긴 중생들의 욕망도 세월에 깎이고 있는데 삼라만상이 몸을 깎고 마음을 깎고 마침내 자신을 깎은 곳에 산이 있었고 바야흐로 부처님이 계셨다.

이 | 일 | 림

채혈실의 가을

주사침이 혈관 깊숙이 들어간다
푸른 피를 가진 혈관들
서서히 뿌리를 찾아 자맥질에 들고
여름의 등걸에 걸터앉은 잎새 하나
늦은 바람 귀엣말에
미련처럼 이리저리 구른다

아직 열매를 맺지 못한 나무들
매운 시간에 바싹바싹 목이 타고

늘푸른 언어처럼 팔딱이던
팔팔한 날들의 팔뚝 위에서 노래하던
젊음의 정언들이
낙엽 부스러기 되어 흘러내린다

가을볕 고슬고슬한 농부의 어깨너머
울고 가는 허수아비의 타는 가슴

그대, 이제 어디로 가시려는가

날카로운 침묵을 끌고
물관으로 들어간 주사침은
채혈작업에 여념 없는데

누구인가 발자국 소리, 붉다

이 | 점 | 선

추 신

많은 문장이 생각났으나
단 한 줄도 붙이지 못한다
지금까지 말해 놓고도
부족한 말은 내뱉어서는 안 되는 말
그 말이 문장에 달려 있다
누군가는 이 문장을 남발하여
아침에 일찍 죽고
누군가는 이 문장에 목숨 걸어
모래와 쌀이 반반인 상념 속에서
백미를 고르는 일을 계속한다
덧붙이지 말아야 할 문장을
보내고 나면
덧붙여진 그 문장을 떼내느라
평생
수고로울 거라는 것을 알면서
한 줄의 문장을 입 안에 구르면서
잠을 자고 잠을 깨고
잠에서 한 줄의 노래를 부른다
꼭 덧붙이고 싶어서
병이 나는 한 문장을

이 | 종 | 만

아담의 한쪽 눈은 어디 있나?

외짝 큰 눈 하나
땅바닥에 활짝 눈뜨고 있다
뜨거운 몸 차디찬 땅속으로 구겨 박혔는지
눈동자 안에는
그렁그렁 한 생애만이 그득 고여 있다
나무들 흔들리고
간혹, 새들 눈의 늪에 빠질까 봐
재빠르게 스쳐 지나고 있다
눈은 승천을 꿈꾸는지 구름떼 몰려와
눈동자를 덮어버린다
바깥세상을 향해
갈대 하나 흔들리지만
눈자위는 시린 듯 내내 움츠려 있다
누군가 아담의 눈이라 한다
이브가 따준 사과 그 눈 속에
붉게 박혀 있는 것을 보았다 한다

아담의 한쪽 눈은 어디 있을까?

이 | 주 | 언

속을 말리는

옥상을 들여다본다
수액을 최대한 끌어올린 곳

안마시술소 녹스모텔 형제닭집 대성그릇백화점 복어나라 제일축산유통 M피시방 세븐일레븐 아라비안나이트 녹천탕…, 이라는 이름표 달고 비뚤배뚤 모여 있다

시끄러운 뜨거운 냄새나는 맛있는 재미있는 개운한 차가운 것들이
펄럭이고 들리고 만져지고 끓어오르고 고함치고 저울질하고 깨어지고 치밀어 오르고 윤나고 계산하고 애무하고 퍼질러 앉고 쥐어뜯으며 가장 높은 바닥에 올랐다

아무도 못 본 속을 꺼내 말린다
깊이 썩은 환부일수록 빨리 처방 받는다 때론 방치된다
씨방 깊은 곳 열어 일광욕할 때
음경을 꺼내놓고 바람의 활을 켜던 비밀의 음악당
비 오는 저녁 취기의 불빛 척척 늘어진다
풀풀 날리던 매연 괄괄하던 애인이 폐지처럼 스멀거린다

버려진 의자가 책장이 선풍기가 밥통이 음료수 패트병이 펄럭이는 수건이 소머리뼈가 눈감은 손가락이 한껏 부풀은 귓바퀴가
옥상에서 까치발을 하고 있다
가슴 삐걱거리며 비쩍 마른 날개를 펼치고 있다 붉은 누런 자줏빛 주황의 단풍이 어깨근육에 힘을 모으고 있다

가을 옥상을 들여다보면 속이 타는 것들 뛰어내리기 직전이다

이 | 창 | 수

바람 Ⅲ

바람이 피를 흘렸다
길게 남긴 상처들
어둠을 닮은 언어들이 과속으로
왔다, 바람처럼 사라지고
사라진 것들의 흔적이
붉게 물든 귀를 만진다

왜
세상의 영욕은 바람을 닮아갈까
모르는 사이에
얼음 같은 시간에 눌린 채
예리한 칼날로 남아 있게 된 것들

지금
깊이 남아 있던 푸른 멍 한 개가
바람을 닮아가고 있다.

이 | 향 | 안

뜰 앞의 잣나무

어떤 중이 조주에게 물었다.
“조사가 서족에서 온 뜻이 무엇입니까?”
“뜰앞의 잣나무니라,”
조주가 경계로써 답하였으니
이것이 깐 콩깍지인가 안 깐 콩깍지인가?
조사가 비록 중화에 왔다지만
선가의 말로는 온 것이 아니고
그냥 거기에 있을 따름이다.
알겠는가?
알지 말라.

장 | 예 | 은

무 꽃

무꽃 피고 있었는데요
세상이 온통 제 것인 양
젖통허리통 까놓고 편안해보였는데요
꽃샘물길 펴 올리며 터트리는 웃음
사방이 화사하게 즐거웠는데요
벌 나비 수작이 한창인데요
신혼방이 무르익을 무렵
아닌 대낮에 홍두깨인가요
벼락 치고 천둥 울고
소낙비 와글와글 쏟아져 내렸는데요
나비는 사라지고 벌 한 마리 없었는데요
저항하듯 함초롬한 낯짝 덜덜 떨며
젖은 꽃 매달려 아프기만 한데요
눈부신 시절이 한순간이라는 것
꽃도 알고 나비도 알고
나도 알고 당신도 아는 사실이지만요
모른 척 딴청피우며
망초 꽃대 위만 기웃거리는 당신
텃밭에 무꽃이 만발한데요
환하게 피어 눈이 부신데요
당신만 그걸 모르고 계시니
모가지, 달아날 각오로 안달할 수밖에요

장 | 인 | 숙

어머니

인감증명서를 발급받은 어머니
서명란에 본인임을 확인하는 자리에
또렷하게 이름 석자 적으라는 면서기

일흔 일곱 해 자식공부 시키며 살았어도
당신 이름 석자 배운 적 없어
손도장 꾹 놓고 자식 앞이라
아무 일 없었다는 듯 집으로 오는 차 안

뒷자리 앉아 올해는 벼농사도
고추 농사도 풍년이라는 말씀
가까이 앉아 계셔도 어머니 목소리
내 귀에는 흉년, 흉년이라 들린다

전 | 병 | 철

등나무

외로움에 지쳤나
어깨 맞대고 기대어선 삶이여

물주머니* 촘촘히 매달고
늘어진 이파리

무심코 지나는 바람에
모든 것 다 맡기고
이제야 내려놓는
부끄럼이여

힘든 어려움에 사로잡혀
매달려 있기조차 고달파도

언젠가 피어나려는 행복감에
나그네 굽은 등
곧게 세우는 터.

*물주머니 : 등나무 열매의 달린 모습을 비유함.

정 | 기 | 석

마흔에 하게 된 일

마흔이 넘자
생각이 주로 하는 일이 되었다

어머니가
단 한번도 못 잊고 꾸역꾸역 지어 먹인
하루 세 끼의 맛이라든가
아버지가
노인이 되도록 복역한
밥벌이의 책무 같은 것들을
주섬주섬 꺼내봤다
어떤 생각은
기어이 꺼내지지 않았다

어머니에게서 아버지에게로,
아버지로부터 어머니로 넘나드는
어딘가에서 반드시
콧날이 시큰해지고
목이 메어왔다
소리를 죽이려
죽을힘을 다 써가며 들썩였으나

죽을힘도
끼이끼이 신음 소리를 냈다

그 무렵
믿을 만한 방향으로부터
계시가 들렸다
"곧 왜 사는지 알게 될 것이니…"

어쩌다 이런 생각을 하게 됐는지
굳이 물어봐야 하는 당신은, 아직
마흔을 넘지 않은
자식이다

정 | 동 | 진

수평선
–동해안

쉴 새도 없이 밀려오는 저 파도는
막무가내 바라보는 내 눈빛에
대답이라는 생각 들어
마음 먼저 달려왔어요

이 악물고 가도
가도 끝없어 돌아오는지
하 알 수 없지만
바라보는 내 눈빛 누가
나를 불러 뒤돌아보게 하지 말아요

정 | 보 | 암

실천궁행

창밖을 서성이는 사내에겐
많은 밥들이 눈에 든다

갈보, 갈비탕 보통
곰보, 곰탕 보통
더구나 조개탕까지

사흘을 노숙한 퀭한 눈에
밥들은 현란하게 줄지었건만
메뉴판의 밥은 밥 아니다

입으로 우물우물 꼭꼭 씹고
목젖이 소스라치게 움찔대야
빈 위장 채우는 밥인 것이다

식당에 메뉴가 아무리 많아도
사내에겐 그저 글자일 뿐

찍어낸 사랑이 아무리 많아도
당장 배고픈 사람에게는

식은 밥 한 덩이가 진짜 밥이다
짭짤하고 시원해야 조개탕이다

정 | 삼 | 희

주상절리대*

누구의 작품이란 말인가 어느 신의 장난이기에 저토록 하루 이틀 욕심 토막토막 세웠단 말인가 틈, 틈이란 이승과 저승과의 이야기와 틈이란 천년 가로질러 빗금 그어놓고 인연 끊었다 이어주는 동아줄일 수도 있겠네 밤마다 돌기둥 사이 금성 떠돌다 세월 몇 광년 흘렀다 벼랑으로 기어오르는 저 성난 물보라 파도 좀 보게 감성마다 칸 질러놓고 절규하다 자지러지고 있지 않는가 한 치의 오차도 없이 한 치의 곡선도 없이 도도하게 부러져 내리박힌 비수 같은 절리 어느 가을 절실하여 억새머리 나풀거리며 그대 앞 찾아가 어수선한 할 말 다 못하고 말았네

*주상절리대 : 제주도 서귀포시 중문동에 소재한 용암류에 형성된 기둥모양 바위.

정 | 선 | 호

봄이 떠나가신다

성산패총에선 모든 시간이 멈춘다
평일 그곳에 들어가자 심장이 멈춘다
심장이 멈추기는 지팡이를 짚고 온
노인들도 마찬가지다
지금 패총 단지에 개나리며 봄꽃들 피는
시절이 아니면 다시는 오지 못할 것이라
여기는지 모두들 조용하다
조개를 먹고 버리던 선사시대 사람들도
조개와 함께 무덤에 묻혔듯 자신들도
땅속에 묻힐 날들 떠올리기도 한다
선사시대 사람들 조개껍질이라도 남겼는데
자신은 어떤 것을 후세에게 남길 것인가
침묵하며 셈해 보기도 하는 것인데
지금 개나리들 속절없이 피었다가
며칠 후면 지는 것이야 어쩔 수 없음에
그것들 붙잡고 패총 앞에서 술을 마신다
그렇게 봄날이 조용히 떠나가심에
봄꽃 같았던 시절 떠올리며 한판
노인들 축제를 벌이고 있다
오늘만큼은 시간이 멈춘 패총 안에서

퍼질러 앉아 흘러간 유행가를 부른다
노래는 조개 무덤에 묻힌다
조개들 그 노래 되받아 하늘로
하늘로 자유롭게 음표 올리고 있다
먼 훗날 그 음표 구름으로 떠나니다
후세들에게 비로 내릴 거다
비 내려 땅 적시고 꽃나무들 적셔
세상에 모든 꽃들 피울 거다
비 내리면 똑똑히 보아야 한다
죽은 할아버지 눈물 강에 흘러가
바다로 어떻게 흘러감을 보아야 한다

정 | 이 | 경

환절기展

보름치가 잠깐 다녀간 뒤
늦도록 달이 기울지 않던 밤이다
능가사 절벽 아래
주인 없는 강물은 적요를 한껏 휘감아 흐른다
노오란 등을 단 은행나무 역시
주인 없는 얼굴이다

미련한 마음
한 계절을 이미 읽어 내기도 전
다리 건너 마을의 불빛을 따라간 너로 인하여
절집의 추녀와 만나는 산자락이 더욱 깊다
그 아래 잔걸음으로 지나던 바람이
급기야
바싹 마른 목울대를 거쳐 나오는
밭은기침의 발걸음을 세워 긴 그림자를 만든다
제 몸에 새겨 넣는 문신처럼
강이 있는 풍경에서 찍어내는 한 장의 판화가 새롭게 걸린다

정 | 푸 | 른

연

나는 위로 위로 솟구치던 한 마리 정충이었다

가지 끝에 매달려 허공을 휘젓던 몸짓 그대로
몸통을 밀어 올리던 발끝 그대로
펄럭이고 있는 꼬리
밀어 올릴 몸통을 잃었어도 아우성이 세차다

저 아우성, 사지와 맞바꾸고
나는 허공을 잃었다

뭉툭하게 잘린 꼬리뼈를 흔들며 가는 측은한
나의 배후
탯줄에서 풀려나온 연실에 꿰어 휘적휘적 걷는다

한 걸음 뗄 때마다 웅웅 우는 석회질의 꼬리뼈 뒤로
허공은 아직 나의 배경이다

정 | 희 | 정

꼬리명주나비

푸서릿길을 느리게 걷는 사내 옆, 개망초꽃 노른자 위에 꼬리명주나비 한 마리 대롱을 꽂는다 나비가 아는 것은 다만 위아래 더듬이질, 비단날개를 짓는 일은 아직 꿈이 아니다 가장 작은 동전만 한 곳, 빠르게 오르내리는 더듬이질로 사내가 열 손가락 곡괭이질을 시작한다 따그락 따그락 자판을 친다 손가락이 자아올린 글자는 제멋대로 굴러가기도 하고 깜깜 동굴 속으로 사라지곤 한다 하나와 열이 겨루는 줄다리기를 눈치 챈 바람, 나비꼬랑지를 잡아당기지만 곡예를 하듯 꽃을 놓지 않는다 돌며 돌아가며 바람을 희롱한다 둥근 꽃 세상에 나비가 산다 둥글게 살아간다 다섯 살배기 딸아이 눈동자도 둥글고 지구도 둥글다는 것을 잊었던 사내 잠시 주저앉는다 나비는, 자아올리는 글자들이 꽃다지가 되는 꿈을 꾸는가 묵밭을 뒤덮은 개망초들이 와와 일어선다 요란한 박수 소리 하늘로 사라질 때 날개장단을 맞추는 나비, 그가 다시 걷는다 높아진 하늘 아래 바람이 푸르다

조 | 극 | 래

외딴곳 작은 집

산촌을 걷다가 개울 건너
외딴곳 작은 집 한 채 보았네

늙은 홀아비
버섯 캐며 산다는데
나 그곳에 가을구름처럼 슬며시 누워 보겠네

돌담은 낮게 둘러치고
나처럼 싱겁게 익어가는 장독 옆에
빗물 고인 빈 장독 서넛
땀에 젖은 구름
무시로 몸을 씻게 두겠네

우물이야 없으면 어떠하리
개울가 물 한 동이
반쯤은 흘리면서 먼지 낀 들풀 얼굴 닦게 하고

산 그리메 따라나서는 군불 연기처럼
산등성이 오래 바라보다가
까치 두어 마리 홍시로 저녁 배를 채우면

나도 따라 밥 한 술 뜨겠네

누군가 지나가다 외로움을 물으면
독창문 열어
바람이 낙엽 밟는 소리 들려주겠네
가을이라 묻어오는 산국화 향내에
그 사람도 주저앉으려고 할지도 몰라
그러면 아무 말 없이
등 한번 토닥거려주지 뭐

사는 게 아옹다옹 힘들어 갈수록
어쩌면 내 마음 깊은 곳에
외딴곳 작은 집 한 채
벌써 고즈넉이 비를 맞고 섰는지도 몰라

조 | 운 | 주

바이욘의 미소

한 남자가 다가온다
서리 내린 긴 머리칼 휘날리며 사원 위에 선
풀어낼 미소조차 바싹 마른 입술이
가만히 웃는다

일백여덟 개의 번뇌로도 모자라
이백열여섯 개의 죄를 사하려 내 얼굴을
새겨 넣었지 그 얼굴들을 새겨 넣으면서 나는
나의 백성들에게
얼마나 많은 또 다른 죄를 지었을까

쉰네 개의 석탑들이 울먹이며
말잔등을 때리고 내달린다
기억 속의 광야는 어둠이 내리고
제국은 이미 마른 장작처럼 쇠락하고 있는데

등을 기대고 앉자 천년 전의
잿빛 상형문자들이 유영한다
미소로 새겨진 그의 뺨에
한껏 비벼서 찬 기운이 가신 손바닥을 감싼다

따뜻하기까지 한
천년 전의 보랏빛 온기가 전해온다

시간이 지날수록
가랑잎처럼 메마른 내 불면이
자야바르만 7세와 함께
앙코르톰의 밤을 활짝 뒤집어 놓는다

조 | 은 | 길

너도바람꽃

바람이 되고 싶어
날마다 바람을 연습하는
너도바람꽃

채찍을 숨긴 태양
꽃잎 위에 사뿐사뿐
뛰어내리고

숨을 헐떡이며
너도바람꽃을 토해내고 있는
도망치고 싶은 드러눕고 싶은
수없이 흔들리는 너를
어쩌지 못하고 돌아온 날
수녀가 된 친구와
채식뷔페에서 저녁을 먹는다

울긋불긋 채찍자국 선명한
채소들의 장례식장 같은
채식뷔페

무가 되어야 하는
열무가 되어야 하는
아직 아무것도 모르는
푸른 새싹 한 쟁반을
마요네즈에 찍어먹는다

창밖에는 절벽을 숨긴 어둠이
검은 눈알을 부라리며
우리를 노려보고 있다

친구는 그걸 신이라 말하며
나의 편식을 걱정한다

조 | 인 | 영

獨白

보신탕 한 그릇 소주 한 잔 얼근해진 채로
버스를 기다리다가,

이대로 눈을 감으면 아무것도 보이지 않겠지
매연 가득 찬 한길만 쭉 뻗어 있겠지

따가운 여름 햇볕은 가로수 잎을 땀 흘리게 하고, 새들을 소리 지르게 하고 당신이 손짓하는 대로 희죽희죽 나를 걷게 하겠지요

나는 당신을 잊지 못하니까요.

조 | 종 | 명

山淸休憩所

장맛비를 안고 들어가
돈까스정식 한 그릇 먹는다
다시 만날 수 있을까
살아가는 것은
뜻에 의해서만 아니고
경우에 걸려 있단다
떠나는 사람아 비가 찾아오듯
만남이 되어 올 수 있겠는가
끝 모르게 뚫린 고속도로
오는 것은 빗물뿐
모두 가고 있다
상주常住하는 것은 아무것도 없고
모두 떠나고 있다

조 | 홍 | 제

가을 斷想

외출했던 딸애가 가져온
볼품없는 노란 소국 화분
시들고 초라한 꼴이
나를 닮은 것 같아
무시하고 외면하다가
다음날 슬쩍 물 한번 주었더니
꽃이 입을 열었다
고맙다고 너무
목마름 너를 감금한 포주
달아나고 싶었던 마음을
진정하고 있나보다
누렇던 얼굴이
노랗게 생기가 돌았다
그날 이후
샤워기로 조심조심 목욕시키면
빙긋 미소까지 짓는다
그저 눈길 한번 주었더니
웃어주고
그저 손길 한번 주었더니
사랑한다며

국화꽃 망울 망울로 앙탈이다
하루하루 너를 바라보다
하루하루 나를 사랑하다
죽어가는 것들을
죽어가는 나를 향해
그렇게 가을은 말갛게 피어나고
비몽사몽 살아온 내 인생
긴 잠에서 깨어났다
나도 살. 고 . 싶 . 다
잠꼬대처럼
생의 벽면엔 온통 무늬가 노랗다

주 | 강 | 홍

대패질하다

새로운 시작이 필요하지
묵은 상처를 지우고 저 깊은 속살로 다시 해야지
안으로 안으로 그리고 가볍게 당겨서
송진내 상큼한 맨살을 만나야지

그것도 나였을 길쭉한 표피들이
발목을 휘감고 바람결에 흩날리며
아 , 그래도 부끄럽게 나였던
저 깊은 곳의 실체들을 낱낱이 까발리면서
윤기 있는 무늬결로 다시 해야지

진작에 가벼워서
새로운 시작과 마지막을 날카로운 칼날 위에 세워두고
기억의 껍질들을 벗겨내야지

최 | 석 | 균

빼꾸기 왔다 가는 길

오뉴월 빼꾸기 소리는
조는 구름 위에 떠다니다가
산과 논밭을 한 바퀴 돈 뒤
정수리를 빙빙 돌리며 들어와
창자와 핏줄을 데우고는 순식간에
무릎관절을 꺾고 발끝으로 빠져나간다
음절 음절이 번개 같다
길 위의 걸음마다 내려앉기도 하고
길바닥에 드러누워 낮잠 한숨 자고 일어나
뻑뻑 나무도 치고 쿡쿡 바위도 건드리고
냇물을 춤추게 하고 산을 들썩이게 하고는
하늘하늘 펄럭거리다가 다시
적적하다 싶은 구석을 들쑤신다
어절 어절이 구름 같다

와달라고 부르지 않았는데
와 있는 날들 소리들
번개같이 왔다가
구름처럼 간다

최 | 송 | 량

從心 앞에서

어린시절 소학교 3학년 때
멱을 감다가 앓은 중이염 때문에
이순이면 말도 제대로 알아듣는다는데
귀가 반쯤 멀어 남 말을 통 못 알아 보네

말하는 입만 쳐다보며 지낸 지가
벌써 십년이 가깝고부터
귀는 동냥 얻으려 보내고 살아서 그런지
군소리도 도무지 알아듣지 못하네

그래 그런지 고개만 끄덕이며
서산의 노을로 꽃 피고 싶은 마음은
가슴이 저려 산으로 주저앉고
사돈 남말 하는 저승길 보고만 있네.

최 | 숙 | 향

너의 들판에 머물다

웃비만 들면
흐드러진 상념의 잡초들 웅숭대는
들녘으로 달려간다
뽑고 긁어대는
괭이 너머로 고이는 덜 여문 생각들
땅거미로 내려와 배경이 되고
익어 낙과落果한 생각은 풍경이 된다
내 힘겨운 몸짓은
그 무엇을 키우기 위함인가
청솔 같은 네 그림자 잔가지에
내 젖은 영혼을 말려볼거나
들녘 한 귀퉁이
군무를 이루는 자운영처럼
보랏빛 구름 띠를 두르고
너른 네 들판의 가슴팍에
오늘도 내 상념의 잡초를 캐며
오래 머물고 싶다

최 | 영 | 욱

벼락지

날것 같기도 익힌 것 같기도 한데
감치는 맛 여간 아니다

집안일 농사일에 정신없이 헤매시다가
마땅한 찬거리 없으면 뒤란 텃밭으로
달려가서 덜렁 뽑아든 배추 한 포기
"팔팔 끓는 물에 살짝 궁그리가꼬 김장할 때
쓰고 남은 양념으로 팍팍 무쳐" 저녁 밥상 위에
올리시던 어머니의 벼락같던 손맛

끓는 물에선 풋내와 똥독을 뽑고
온갖 재료와 어머니의 손맛 어우러져
푸른 밥상을 주시던 어머니의 벼락지

이젠 그 뒤란의 텃밭도 끓는 물처럼
넘치시던 기력조차도 다 잃으신 어머니께서
들려주시는 밥상머리의 벼락지 얘기

그랬다
먼 길 가신 할머니와 아버지 그때 그 식구들

벼락처럼 다시 모셔 어머님의 수줍은 손맛으로
버무린 푸르디푸른 저녁 한 상
걸게 차려드리고 싶었다.

표 | 성 | 흠

고견사

진달래 수줍은 볼 터치
수노루 두 귀 쫑긋 물속
그림자 바라본다.

산죽을 헤치고 오르는 산길
굴밤나무 헛기침에 깨어나

산금은 산금끼리
구름은 구름끼리

산마루 우듬지를 연이어놓은
정점들이 잔잔하면 할수록
그 산은 만만찮다

오래된 암자 하나
빛바랜 단청 두리기둥
풍경만 저 홀로 운다.

하 | 연 | 우

겨울비 그치고

마당 끝 매화나무에 촛불이 번진다

늦처녀, 어머니 애간장 태우며
하동 섬진 강가를 오래 거닐더니
물결에 비친 달빛에 놀라 시집을 간다
스르륵 스르륵 치마 끌리는 소리,
강물은 저만치 붉은 살내를 풍기고
문설주엔 부엉이 슬피 운다

어머니 한숨 그치고 주름살 펴질 때쯤
시집간 막내 누이 서글픈 헛구역질,
앰뷸런스 소리에 별똥별 지고
하늘 구석구석을 휘젓는 장대 끝엔
섬진강의 물빛이 어룽거리는데

아,
깡마른 나무에 살이 돋을 건가
누이의 팔뚝에 하이얀 수액이 흐른다
밤새워 돌고 돌아 게워내는 깊은 토악질,
아침 햇살 아래에서 가만히 숨 고르면

뱃속에선 어느덧 작은 새 꿈틀거리고
그 새,
목구멍을 뚫고 날아오른다
매화나무 가지마다 깃털 꽃. 는. 다

하 | 영

수타니파타sutta-nipata를 다시 읽으며

선택하지 않은 것도 선택이라 했던
사르트르를 생각하다
그대에게 편지를 쓴다
오래 전 시월 어느 날
은행잎이 깔아놓은 샛노란 융단 길은
윤슬처럼 반짝였다.

수타니파타sutta-nipata를 다시 읽으며
실화상봉수實花相逢樹 꽃잎을 따서
따신 물에 그 마음 우려 마시며
다시 그대에게 편지를 쓴다
오래 전 시월 어느 날, 소금창고에 마주 앉아
양고기 스테이크를 한손으로 먹었는지, 양손으로 먹었는지
기억에는 없지만
아이리쉬커피의 푸른 불꽃은 신비로웠다

아,
비행접시처럼 날아오르던 푸른 불꽃이여
부처님의 광배光背처럼 따습게 빛나던 횃불이여
다시 이 가을, 모기도 쇠파리도 없는

소금창고에 혼자 앉아 편지를 쓴다.
연화대의 촛불을 무쏘의 뿔처럼 이고 가는
그대만 읽을 수 없는 길고 긴 편지를 쓴다

하 | 재 | 청

책

집 한 켠 남새밭에
화장터를 만들고 툭툭 던져 넣는다
올해의 좋은 시
올해의 좋은 소설
마지막으로 육필 원고에 불을 붙여 던진다
오매, 저 징그러운 것
원고지가 문신을 토하며 몸을 오그리자
차곡차곡 누워 있던 책들이
숨을 몰아쉬며 무얼 감추기라도 하듯이
비대한 몸을 들썩이며 자꾸 웅크린다
오랫동안 숨을 쉬지 못해 눅눅한 몸
자기들끼리 착 달라붙어 오그릴 대로 오그린다
이제 훨훨 날아
숨 좀 쉬라고
숨 좀 쉬라고 하건만
자기들끼리 뒤엉켜 몸을 뒤틀며 토해 내는 아우성
그동안 한 번도 본 적이 없는 무늬가
툭툭 터져 나온다

허 | 영 | 옥

거울아, 거울아

분가루 두드리는
거울 앞에서
백설공주 꿈꾸며
거울아, 거울아

거울 속에 갇힌
엄마처럼 살고 싶지 않았는데
어느새 치렁치렁
딸, 아내, 며느리, 엄마…

힘겹게 달린 수식어들
던져버리면
산산이 흩어져 일렁이는
까만 얼굴, 얼굴들

하얀 분가루
자꾸 두드려도
까맣게 골 깊은
나

황 | 숙 | 자

모서리론

모서리와 모서리가 사정없이 부딪친다
더이상 아름다울 수 없는
피 터진 사랑이 반란의 칼이 된다
떨며 모질게 발열하는 그리움은
무방비 상태로 추락한 맹세들이
참 허망해져서
쓸쓸한 오한으로 드러눕는다
살다보면 무수한 고비가
막아서기 마련이라는데
피할 것은 피하며 살고 싶다
부딪는 모서리는 너무 아프다
떨어져 나간 모서리는
다시 은밀한 모서리를 꿈꾸고
칼날 같은 모서리에 찔려 운 사람은
더 이상 모서리를 만들지 않아야 한다
아름답지 못할 사랑은 없다
진실로 용서 빌 일 너무 많은
모서리들은
우리는 모두 모서리를 만들며 살고 있다

이달균의 돋보기로 읽는 시집
–성선경 『모란으로 가는 길』

장미여, 오, 순수한 모순이여 관능이여
그토록 많은 눈꺼풀 아래
누구의 것도 아닌 잠이고 싶은 마음이여

릴케는 오래된 성당 라로뉴의 묘지, 'R. M. R' 이라고 쓴 나무십자가 아래 이 짧은 글귀와 함께 누워 있다. 1875년 체코의 프라하에서 태어나 1926년 스위스 발몽 요양소에서 51세의 나이로 육신의 옷을 벗기까지 집 없이 살다 간 영원한 정신의 방랑자였다.

그의 나이 스물다섯에 쓴 일기에는 장미, 잠, 죽음이란 세 개의 상징에 대해 말하고 있다. 독일어 눈꺼풀은Lidern은 노래Liedern와 발음이 같다고 한다. 시인의 노래는 우리를 잠들게 하는 것이 아니라 눈을 뜨게 한다. 장미는 조금 펼쳐진 책이며 눈꺼풀은 책을 덮는 행위라고 했다. '조금 펼쳐진 책'은 재미와 호기심의 대상이며 무한한 상상이다. 하지만 릴케에게 있어 장미가 갖는 의미는 그 이상이었으리라. 그를 사랑하는 독자라면 멀리서 평생의 화두가 된 장미의 향기를 맡는 일부터 시작해야 한다. 그리고 굳게 닫힌 그의 문에 다가서야 한다.

시집들이 쏟아져 나온다. 시가 읽히지 않는 시대라고 하지만 시집은 시인의 숫자에 비례하여 발간된다. 하긴 시는 삶이 팍팍할 때 더 창작되는지 모른다. 우체부가 전해준 시집들은 한 며칠 책상 위에 놓여 있다가 책꽂이에 꽂힌다. 그리곤 다시 찾을 길이 없다. 한 시인이 몇 년 동안 쓴 수십 편의 시들은 그렇게 잊혀 진다. 특히 경남 시인들의 시집은 그 흔한 서평 한 번 받지 못하고 묻히고 말 때가 있다. 릴케가 그러하듯 누구나 시인에겐 자신을 의미하는 냄새가 있다. 잠시나마 그 냄새를 맡는 시늉이라고 하고 싶다. 이 난은 시로써 다 말하지 못한 얘기들을 풀어보고자 기획되었다. 그 첫 번째로 성선경 시인을 초대하였다.

그 첫 번째로 성선경 시인을 초대하였다. 성선경 시인은 88년 한국일보 신춘문예로 등단한 이후 5권의 시집을 펴내면서 일상 속의 나와 역사 속의 존재자인 나에게 끊임없이 질문을 던지며 시를 써왔다.

> 모란에 들기 전에는 안개같이 모란으로 가는 길을 알 수 없다 모란은 안개처럼 순식간에 흩어졌다 그리움 순식간에 모여든다 개미들이 줄을 지어 법칙처럼 길을 만들듯 단내 나는 여름 연잎의 소나기같이 갑자기 모란에 이르기도 하지

만 모란에 들기 전에는 모란 보이지 않는다 때로는 욱고 굽어서 아주 신기루같이 결코 모란에 이르지 못하리라 멀어지기도 하지단 때로는 너무 가까이에서 큰 산봉우리로 큰 바다로 피어 있다. 개벽開闢같이 눈 깜짝할 사이 닿기도 한다 모란에서는 아무도 비밀秘密처럼 모란을 말하지 않지만 모란을 모르는 눈과 귀는 어디에도 없다 숨소리처럼 내 안에 들었다 때로는 기침처럼 나를 튕겨내는 저 모란에 이르는 길.

나 지금 어디까지 있나 물으면
눈꺼풀 앞의 산 하나가 또 산 하나를 데리고 와
당당 멀었다 당당 멀었다고
산이 무너지는 소리
강이 넘치는 소리
내 안의 두문동杜門洞.

-「모란으로 가는 길」 전문

이달균 _이번 시집 『모란으로 가는 길』은 크게 두 개의 화두로 쓰여졌습니다. 하나는 '모란' 이고 또 하나는 '청학재' 입니다. 물론 '청학재' 는 이전에도 이후에도 시인의 시세계를 결정짓는 중요한 주제이며 소재일 가능성이 큽니다. 여기에 이번 시집에선 '모란' 이 하나 첨가되었군요. 시인에게 있어 '모란' 과 '청학재' 는 어떤 점에서 갈등하고 어떤 점에서 합일하는지 궁금합니다.

성선경 _청학재 시편은 '모란' 의 세계로 가는 한 과정이라고 보면 좋겠습니다. 나는 자주 '뫼비우스의 띠' 를 이야기하는데 아시다시피 뫼비우스의 띠는 안과 밖이 하나로 연결되어 있습니다. 밖이 곧 안이 되고 안이 곧 밖이

되는 구조이지요. 안으로 향한다는 것은 밖으로 나가는 길이 되고 밖으로 나간다는 것은 곧 안으로 들어간다는 뜻이 됩니다. 그러므로 이 '뫼비우스의 띠' 처럼 가장 멀리 떠나왔을 때가 가장 가까이 다가간 것이 되지요. 나는 불혹不惑을 넘기면서 다시 고향의 의미를 되찾은 것입니다. 내가 가고자 열망했던 세계가 저 밖의 세계가 아니고 오히려 내가 지나온 곳에 있다는 것을 깨달은 것입니다. 그래서 청학재 시편과 모란 시편은 갈등하는 것이 아니라 한 과정 속에 속해 있다고 봅니다.

이달균 _ 뫼비우스의 띠, 즉 그 시작점(바깥)에서 노래한 '모란' 이 결국 안을 형성하는 곳에서 '청학재' 와 만난다고 볼 수 있겠군요. 구체적으로 말해 보면 청학재는 떠남과 돌아옴, 즉 출항과 귀항이란 모항의 의미를 갖고 있고, 모란은 떠나서 돌아올 수 있게 하는 이유 혹은 대상처럼 보입니다. 사실 시 속의 모란은 거대, 미묘, 모호하여 실체를 알 수 없는 곳이고, 한편으론 아득히 숨고 싶은 이데아처럼 그려지는데 중요한 상징어인 모란에 대한 부연 설명이 좀 필요해 보입니다.

성선경_모란은 내 속에서 깨달은 '나' 입니다. 즉 '몰안'의 세계를 생각하며 썼습니다. 내가 깨달은 순간의 그 아름다음 , 황홀함, 기쁨 등의 감정을 노래한 것이죠. 그러나 그 깨달음이 영원히 지속되는 것이 아니라 아주 순식간에 나타났다가 순식간에 사라져버리는 수도 있지요. 그 깨달음의 순간은 영원의 세계일 수도 있고, 내가 진정으로 가닿아야 하는 세계일 수도 있습니다. 그 모란의 세계는 내가 궁극적으로 가닿고 싶은 세계입니다. 어쩌면 영원히 가닿을 수 없는 세계일 수도 있고, 아니면 내가 순식간에 가닿을 수도 있고요.

이달균_5권의 시집을 내었죠. 한 권 한 권 다 의미 있는 시집이라 생각합니다. 나이나 등단 연조에 비해 5권은 결코 적은 분량이 아닙니다. 시집이란 결과물로써 치열하게 작업한 흔적을 보여줍니다. 성선경 시인만큼 자신을 나이에 따라 명료하게 드러내는 시인은 좀 드문 편입니다.

『널뛰는 직녀에게』는 습작기와 등단 이후의 작품을 묶은 것이고, 『옛사랑을 읽다』는 세상에 대한 갈등 혹은 30대의 정체성을 보여주는 시집이었죠. 『서른 살의 박봉씨는』 나중에 펴내었지만 창작기간은 20~40대 초반에 이르는 긴 시간을 지나온 시편들을 묶은 것이며, 『몽유도원을 사다』와 『모란으로 가는 길』은 불혹 이후의 작품들입니다. 그동안의 시집들에 대한 간단한 소회를 펼쳐주시고 최근 시집인 『몽유도원을 사다』와 『모란으로 가는 길』 두 시집의 유사성과 차이점에 대해 자세히 밝혀 주시기 바랍니다.

성선경_첫 시집 『널뛰는 직녀에게』는 민족의 정체성과 통일문제 등 거대담론이 주류를 이루었던 시집입니다. 그때는 거대담론이 주류를 이루었던 시대이기도 하고 제 자신도 그런 거대담론이 제 체질에 맞았습니다. 두 번째 시집 『옛사랑을 읽다』는 인성人性과 수성獸性에 대한 알레고리를 통해 인간의 비도덕성에 대한 고찰을 하였습니다. 제 개인적으로 볼 때 가장 시에 대한 다양한 실험을 할 때였던 것 같습니다. 『서른 살의 박봉씨는』 세 번째 시집인데 농촌의 빈농貧農의 아들로 태어나 도시 소시민으로 살아가는 우리 시대의 모든 봉급생활자의 일상을 노래했습니다. 『몽유도원을 사다』는 불혹不惑을 맞이한 두려움과 흔들림, 아무런 준비도 없이 나이를 먹어간다는 서글픔에 대한 자기반성의 시집입니다. 『모란으로 가는 길』은 불혹不惑의 흔들림에서 벗어나 새로운 지향을 갖게 되는 시기의 시집입니다. 『몽유도원을 사다』는 불혹不惑의 나이에 갖게 되는 불안과 흔들림의 아픔을 주로 노래했다면 『모란으로 가는 길』은 내가 닿아야 할 불혹不惑의 세계를 노래했다고 보면 됩니다.

이달균_성 시인의 시에 관심 많은 입장에서 봤을 때 이번 시집 『모란으로 가는 길』은 『몽유도원을 사다』와 연장선상에 있지만 어떤 대상을 의인화하여 보여주는 방식은 『옛사랑을 읽다』에 더 가깝다고 보여 집니다. 후자가 인성과 수성에 대한 알레고리를 통해 도덕과 비도덕의 행간을 넘나들었다면 이번 시집은 성게, 게딱지, 청어, 북어, 거미, 문어 등을 등장시켜 알레고리의 구조를 만들고 있습니다. 물론 앞의 시집은 시니컬한데 비해 따뜻하고 성숙하게 다가가는 모습이 다르긴 한데 시인의 생각은 어떠한지 궁금합니다.

성선경_한 시인에게서의 변화란 앞의 세계를 뒤의 세계가 포함해서 안고 가는 것이 아닐까요? 현재의 제 시 속에서 앞의 시집에서 보여주었던 세계의 모습이 언뜻언뜻 보여진다는 것은 당연하게 생각됩니다. 그러나 『옛사랑을 읽다』에서 보여준 세계는 비도덕성에 대한 비판의 시각이라면 『모란으로 가는 길』에서는 따뜻하게 안고 가는 포용의 세계입니다. 비판과 포용이라는 차이는 아마 내가 그동안 내 속에서 불화不和하던 세계가 화합和合하는 세계로 바뀌었기 때문이 아닌가 합니다. 이러한 변화는 내가 청학재 시편을 쓰기 시작하면서 변화된 것으로 생각합니다.

이달균 _ 성선경 시인의 시들은 현재 한국문단 전체를 놓고 보면 전통 혹은 정통 서정에 가깝습니다. 일군의 시인들이 이와 같은 경향을 보이고 있는데, 수적으로는 그리 많은 편은 아니라 생각됩니다. 왜 나는 이런 빛깔로 노래하는가? 혹은 내 시가 한국문단의 어느 측면에서 기여하고 있다고 느끼는지 궁금합니다.

성선경 _ 저는 시의 한 원형으로 고려가요를 꼽습니다. 의미론적으로도 그렇고 음악성도 그렇습니다. 민중의 정서를 가장 잘 담아내고 있는 민중의 노래로서 말입니다. 저는 내 시가 이런 정서를 잘 담아내는 그릇이었으면 합니다. 그리고 제가 관심을 갖고 있는 시인은 방랑시인 김삿갓(김병연)입니다. 김병연의 시를 보면 시인으로서 시속時俗의 삶을 잘 담아냈을 뿐 아니라 개인적인 아픔까지도 잘 노래하고 있습니다. 저는 이 두 텍스트가 제 시의 모델입니다. 제 시가 독자들과 소통되는 부분이 있다면 저의 이런 의식이 독자들에게 받아들여지는 것이 아닌가 합니다.

이달균 _ 성선경에게 시는 꼭 종교 같다는 느낌을 받습니다, 그래서 시에 삶이 너무 얽매어 있다는 생각도 듭니다. 모든 대화는 시에서 시작하고 시에서 끝난다는 느낌을 받습니다. 어떤 이들은 그 화법이 다소 무겁다고 말하는 이도 있습니다. 시 외에 또 무엇에 대해 관심이 있는지 궁금합니다. 물론 그 질문에 앞서 "시란 시인에게 무엇인가?"를 먼저 물어야 하겠군요.

성선경 _후후 질문이 좀 그렇습니다. 제가 그렇게 시 이야기를 많이 하나요. 글쎄요. 저는 잘 모르겠는데. 아무튼 저는, 저에게 시는 세계와 소통하는 한 통로이면서 제 수양의 한 방편이기도 합니다. 저는 시란 한 깨우침의 세계를 노래하는 것이라 생각합니다. 그래서 시란 나는 이렇게 보았다. 나는 이렇게 깨우쳤다. 이렇게 느꼈다는 세계를 노래한 것이니까 제가 대화에서 시에 대한 이야기를 많이 한다면 나는 이렇게 살고 있다. 나는 이렇게 느꼈다. 나는 이렇게 깨우쳤다는 이야기와 다르지 않을 것입니다. 시인이란 그 당대의 삶에 대해 관심을 가질 수밖에 없고, 그 삶에 대해 말하는 사람 아니겠습니까? 내가 말하고자 하는 것은 지금 현재 내가 처한 삶에 대한 이야기겠지요.

이달균 _습작시절의 성선경에 대해 말해 주십시오. 나를 둘러싸고 있었던 인연들과 오늘까지의 관계에 대해서도 좀 구체적으로 말해주세요.

성선경 _저는 대학에 다니는 동안에 끊임없이 시창작 동아리를 만들었습니다. 하나가 해체되면 다시 만들고, 다시 만들고 했습니다. 그런데 사람들은 너무 빨리 시에 대해 지치는 것 같았습니다. 두세 권쯤 동인지를 만들고 나면 모두 나가떨어졌습니다. 그중 가장 오래간 것이 '삼인시대' 동인이었는데 4집인가 5집인가까지 냈어요. 그리고 그전에 1981년에 나는 '살어리' 라는 통신문학 동인에 가입했었는데 그때 지금 문단 형들을 많이 만났습니다. 기억에 남는 사람들로서는 성창경, 이월춘, 이달균, 정완희 등이 있습니다. 그때가 가장 재미있고 즐거웠던 시절이었던 것 같습니다. 그런데 제가 군에서 제대를 하고 나와 보니 동인이 해체되고 없더라고요. 참 황당했습니다. 그래서 대학 내에서 '삼인시대' 동인을 만들었는데 재미보다는 어떤 의무감 같은 것이 많았습니다. 그때 처음으로 등단에 대한 생각을 가지게 되었습니다. 시도 참 열심히 썼고요.

이달균 _동인이 없는 시대라고 말합니다. 아니, 동인이 필요 없는 시대라고 말하기도 합니다. 물론 사회적 이슈와 공통된 지향점을 갖기엔 너무 다양한 시각이 존재하죠. 그럼에도 불구하고 20년 가까이 문청동인을 이끌어 왔군요. 문청동인의 존재이유와 앞으로의 방향에 대해 말해주세요.

성선경 _1991년에 '문 · 청' 동인을 결성했으니까 17년 내지 18년 되는 것 같습니다. 그 때 경남문단에는 제대로 된 동인이 없었습니다. 그래서 젊은 시인들을 규합해서 정말 문학청년의 자세로 횃불을 한 번 올려보자고 했습니다. 그것은 무엇보다 처음 문단에 등단한 시인들이 의논을 하거나 대화를 할 만한 대상이 없었다는 것입니다. 그래서 우리가 횃불을 밝혀 처음 등단해서 지향성과 방향성이 약한 시인들에게 그 의논 대상자가 되고자 했습니다. 그래서 들어온 동인이 송창우 시인, 박서영 시인, 김승강 시인, 이주언 시인 등입니다. 앞으로도 우리 '문 · 청' 은 경남 문단에서 이런 역할을 계속 하고자 합니다.

이달균 _이제 '젊은' 혹은 '기대되는 시인' 이란 잠재적 호칭에서 벗어나 중견시인으로 발돋움했습니다. 20년 동안 경남에 살면서 지역과 탈 지역이란 경계를 넘나들며 문단생활을 해왔죠. 그러므로 누구보다 경남 시단을 균형적으로 바라보는 시각이 있으리라 여겨집니다. 경남시인협회의 창간호이므로 한 가지 본질적인 부분에 대해 견해를 듣고 싶군요. 하나는 경남시단이 객관적인 결과물인 시집과 발표된 작품들, 즉 문학성으로 기준의 잣대를 갖기보다 사회적 인지도 혹은 관계성 등등, 여러 요인으로 평가되는 경향이 있었습니다. 이 부분에 대한 견해를 가감 없이 밝혀주시면 합니다.

성선경 _ 저도 이제 신춘문예를 통과한 지 20년이 지났습니다. 그동안 문단도 많이 변했습니다. 지금은 다중소통시대입니다. 문학잡지도 그 수량이 많아졌고 인터넷도 중요한 소통의 자리입니다. 지금은 다양한 사람, 지면들로부터 다양한 형태의 평가를 받고 있습니다. 그래서 그전보다는 문학적 성과를 평가하는 방법이나 평가기관이 다양해지고 객관화되었다고 생각합니다. 앞으로도 더욱 다양해지고 전방위적으로 행해지리라 생각됩니다. 지금도 마찬가지지만 많은 책을 냈다고 다 베스트셀러가 되는 것은 아니고, 베스트셀러라고 해서 또 다 좋은 책은 아니지 않습니까. 이런 평가들은 점점 더 섬세해지고 날카로워지리라 생각됩니다.

이달균 _ 질문은 길었는데 답변은 좀 짧았군요. 그만큼 명료한 인식을 갖고 있기에 짧은 대답 속에 나름의 견해를 요약했다고 볼 수 있겠습니다. 요즘 근황과 주로 만나는 문인들은 어떤 분들이며 근래 읽은 책은 무엇인지 알고 싶습니다.

성선경 _ 저는 방학이 아니면 어디 여행이 불가능합니다. 만날 시간도 없고 움직이기도 쉽지 않습니다. 그래서 주로 방학을 이용해 만나는 게 전부입니다. 최근에는 경남문학관과 김달진문학관에서 좋은 시인과 평론가를 초청해주셔서 그 기회를 이용하곤 합니다. 따로 개인적으로 만나는 시인은 없고 우리 '문 · 청' 동인들은 간혹 만나서 밥을 먹곤 합니다. 저는 최근 계명원 역주의 논어해설서를 읽고 있습니다. 원문原文은 어려워서 도저히 읽을 수가 없으니 주해한 글만 읽고 있습니다. 이것도 진도가 너무 느려 아주 까막눈 글자 줍듯 하고 있습니다. 재미는 있는데 잘 진도가 나가지 않습니다. 게을러서 그런지 모르겠습니다.

성선경 시인과는 긴 세월을 만나왔다. 앞의 글에서 밝혔듯이 우린 동인 활동을 통해 만난 선후배다. 이월춘 시인과 함께 30년 가까이 같은 길을 걸어온 도반이다. 하지만 만난 세월이 길다고 해서 그를 다 알지는 못한다. 어떤 부분은 내가 아는 그였고 또 어떤 부분은 내가 모르는 그였다. 그 다름이 여간 다행스럽지 않다. 먼 곳의 어느 지점으로 걸어가지만 그는 전갈자리를 떠올리며 걸을 수도 있고 나는 물병자리를 떠올리며 걷기도 하니까. 다소 짓궂은 질문을 던져도 보았지만 짐짓 눙치고 넘어가는 솜씨가 여간 아니다. 시력만큼 생의 내공이 쌓인 시인이 보기 좋았다.

대부분 대담은 주변부의 얘기들을 더 많이 한다. 그러나 오늘은 좀 더 본질적인 부분에 더 많은 질문을 하고 싶었다. 아직은 회고나 정리할 정도의 나이는 전혀 아니기 때문이다. 이 난은 앞으로도 이런 형식으로 진행될 것이다. 성 시인 자신을 은유한 시 「토우土偶」를 읽으며 대담을 정리하려 한다. 오랜만에 서로에게 유익한 시간이 되었다.

입 코 귀가
이리로 뭉기적 저리로 뭉기적
못생겨도 있을 건 다 있다고
척 허리 버팀도 해보는 참인데

진흙으로 빚었으되 질그릇도 아니고
속을 비웠으되 꽃 한 송이 못 담는

너는 무어냐

묻다가 생각하니 참 내 꼴 같다

나는 마흔 이쪽저쪽에서
내 속의 진흙 덩어리들이 어떻게 구워져
질그릇이 되었는지를 보았는데
그 파란 불꽃을 보고 말았는데
오늘 여기서 또다시 만나다니

어이!
손 내밀어 본다

–「토우土偶」 전문

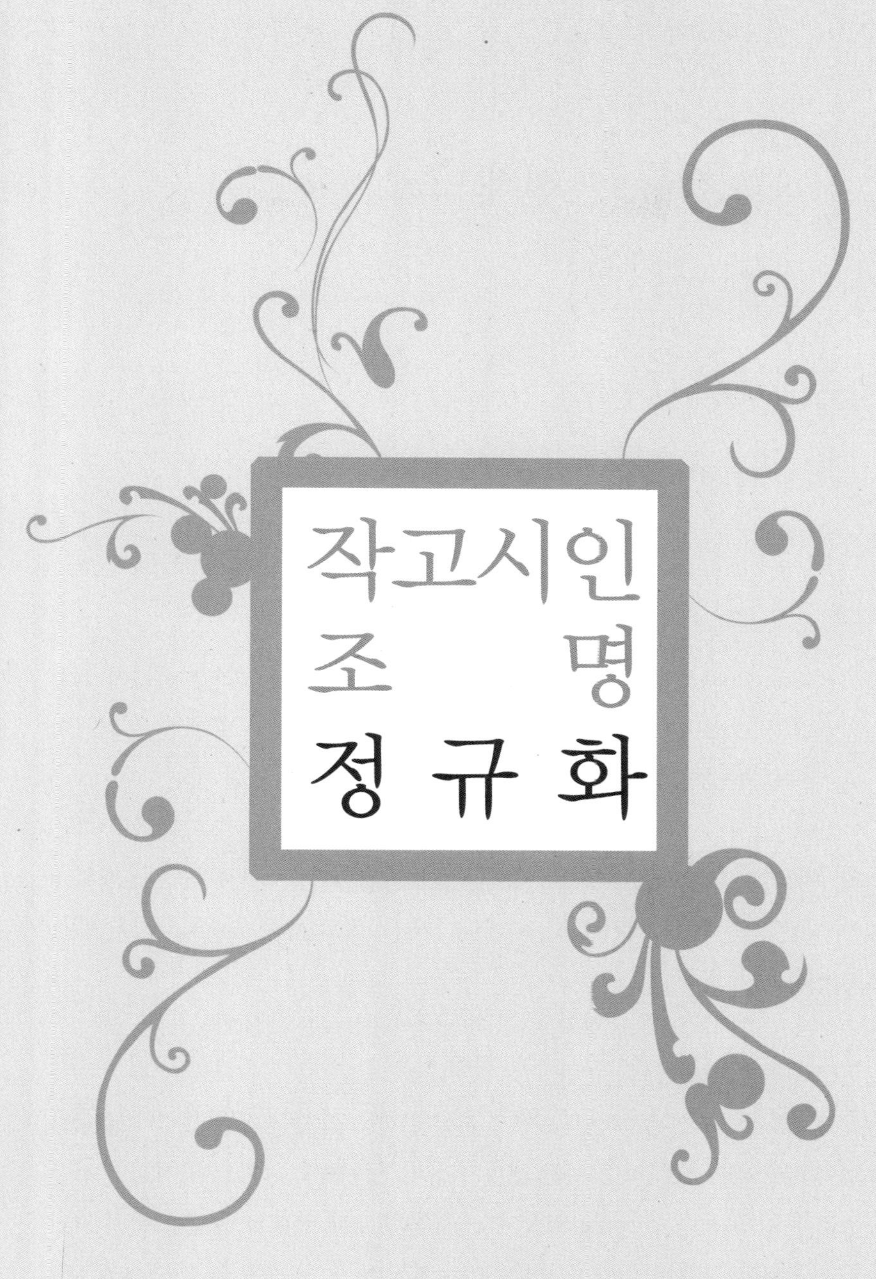

작고시인 조명

정규화

그리운 **정규화 선배님**께

| 박 구 경 |

정규화 선배님! 이렇게 불러보니 더욱 가슴 깊이에서 그리운 이름입니다. 선배님의 고향 하동군 청암면 위태리는 제 고향과도 그리 멀지 않은 지척이니 선배님과의 만남부터가 그 인연의 깊이를 말하고 있었던 것이지요.

선배님! 사람들은 너나없이 너무 인심이 각박한 세상이라고 한탄들 하는데, 이즈음 사람 사는 세상은 너무나 살벌하답니다. 이런 말씀은 선배님께서 세상을 떠나시기까지 많은 고통과 설움이 있었던 걸 잘 알고 있기 때문입니다.

선배님! 가신 지 벌써 일 년을 훌쩍 넘어 다시 깊은 겨울이군요.

선배님에 대한 기억입니다.

십오륙 년 전 신문사 선배로부터 전화를 받고 나갔던 곳이 진주시청 시보실이었지요? 뜻밖의 전화이긴 했었지만 퇴근을 하고 나가 그곳에서 인사를 나눈 분이 정규화 선배님이었습니다. 솔직히 그때 선배님에 대한 저의 첫인상은 제겐 거부감이 있었고 무뚝뚝했으며 어디가 아픈 사람 같은 느낌이었으니, 저의 어떤 감과 직업을 속이지 못했습니다. 신문사 선배는 진주 근방에서 시를 제일 잘 쓰는 시인을 소개해 준다고 했고, 앞으로 글공부에 도움을 주라며 선배님께 저를 소개한 것이었습니다. 차 한 잔 더 하자고 옮겨간 시청 옆 화랑다방은 이미 문화 예술 언론은 물론 진주지역 지성들의 근거지였지요. 거기서 이런저런 선배님의 이야기를 묵묵부답으로 듣고 있는 제게 '넌 벙어리냐' 고 '왜 말이 없냐' 며 다짜고짜 무안을 주기도 했었지요. 그렇게 꾸밈없고 직언을 아끼지 않는 분이란 걸 아는 데는 시간이 많이 걸리지 않았습니다. 그 뒤, 몇 년이 지나고 선배님을 초대 회장으로 추대하여 〈경남작가회의〉가 만들어졌고, 자연스럽게 저도 참여하여 선배님과의 시 인연이 두터워졌던 것이지요.

죽음이 슬픔을 먹고 살아가는 동안/ 나의 희망이 확정적이다/ 죽음에 대한 희망,/ 내 몸속은 그것으로 들끓고 있다

–「인공신장실에서」 부분

선배님은 운명적으로 불운한 시대의 슬픔을 타고난 비극의 시인이었습니다. 4시집 『지리산과 인공신장실과 詩』 이후 선배님은 병마와의 투쟁 그 고통, 지독한 가난의 삶을 절절하게 녹여낸 시집들이 쏟아져 나왔습니다. 『다시 부르는 그리운 노래』(1998) 『오늘은 이렇게 축복받는다』(2003) 『슬픔의 내력』(2004) 『나무와 바람과 세월』(2004) 『고향의 찔레꽃』(2005) 『오래된 변명』(2006) 『머슴새가 울었다』(2007) 등이 그것입니다. 바로 앞에 와 있는 죽음을 '희망이 확정적이다' 라고 노래하다니요. '나는 그것을 죽음이라

부르리라' 고 남기다니요.

그날 진주에 오셔서 제게 전화를 하셨지요. 강희근 교수님을 먼저 만나고 개양의 허름한 지하다방에서 만났을 때, 언제나 그랬지만 그날따라 선배님의 얼굴은 더욱 푸석푸석했다고 할까요? 그러나 왠지 맑고 편안하게 보였던 것도 사실입니다. 이런저런 많은 이야기를 나누고 보리밥집에서 이른 저녁을 먹었습니다. 그것이 생전의 마지막이 될 줄을 까맣게 모른 채……. 그로부터 5일 뒤, 선배님의 타계 소식은 청천벽력이었고 그 보리밥집은 가슴에 남는 장소가 되었습니다.

보리밭에서 보리를 감아 오를 때는/ 갖은 지청구에 시달린/ 잡초였다

–「큰별꽃」 부분

당연히 2007년 6월, 이미 편집을 끝낸 『경남작가』 12호에 부랴부랴 유고시로 바꾸어 실렸던 「큰별꽃」의 '갖은 지청구' 가 가진 슬픔이 생생합니다. 생전에 가난이 지겨웠던 시인이었기에 가난 얘기는 하지 않으려 합니다. 그러나 선배님은 너무나 가난하였고, 일주일 세 번의 투석을 위한 몇 푼의 돈이 없어 이리저리 헤맸습니다. 삶이 어찌 아름답기만 하겠습니까. 선배님은 살아생전 어느 누구보다도 많은 시 원고를 남기셨습니다. 그만큼 시작과 삶에 열정적이었던 것입니다.

선배님의 작고 뒤 계속 제가 보관하고 있던 원고들이 오래되고 낡은 시고 가득 차곡차곡 쌓여 있었습니다. 그러니 결코 선배님은 가난하지만은 않았던 것입니다. 몇 밤을 새워가며 미발표 시 82편을 골라 유고시집을 만드는 작업도 끝냈습니다. 그곳에서 유고시집을 받아 보셔야지요? 저 스스로 그 작업을 마치고는 얼마나 뿌듯했는지 모릅니다. 살아서 돌아와 딱 한 번만이

라도 뵙고 싶다는 생각이 간절합니다.

정규화 선배님!

그곳은 편안하신가요?

강희근, 박노정, 양곡, 오인태, 이런 사람들의 진주가 그립지 않으신가요? 툭하면 여기저기서 선배님께 욕을 얻어먹던 후배 시인들은 왠지 모르게 허전하고 귀가 근질근질하다니 모두들 선배님이 그립다는 표현들을 해댑니다. 그렇게 외롭고도 정처 없던 선배님의 나그네 길을 이렇게 기억해봅니다. 그래, 선배님은 가셨으나 우리들 가슴속에 큰별꽃으로 남겨진 시와 시정신은 불멸하리라!

술좌석에서 정지용의 「향수」를 어눌하게 그러나 질박한 뚝배기의 맛으로 노래 부르시던 선배님의 모습은 결코 잊지 못합니다.

2008년 세모에 소중했던 인연을 생각하며 선배님을 그립니다.

박구경 올림

좆같은 서울 외 9

정 규 화

올림픽과 월드컵 대회를 열었고
크고 작은 국제 행사가
선진국을 약속한다고
돈을 쏟아 부었지만

내 조국의 복지정책은 하나만 봐도
후진국 가운데서도 후진국이다

부수고 헐기를 되풀이한
서울은 높은 빌딩이 들어섰지만
정감이 가지 않는다
왠지 낯설기만 하다

가는 곳마다 새로 생긴 길과
건물과 아파트로
물결치는데
지하철이 새로 생기고
한강을 지나는 다리가 더 놓였는데

서울은
자신감을 잊은 지 오래다

영어에 미친 사람들이
회사 이름과 건물 이름과 아파트 이름까지
모조리 영어로 개명해버렸다

소위 가진 자들은
일상에서 불필요한 정도로
영어를 뒤섞어 쓴다
꼬부랑말만 하면 선진국이 되고
복지국가가 되는 건 절대 아니다

수도 서울의
칠백 년 전통은 고궁을 빼면
쉽게 찾을 수 없다

국적 없는 건축물이
공룡처럼 아가리를 벌리며
더 거대한 몸집을 불리고 있다

다시 말해서
괴물이 되어 버렸다
제 몸집만 불리는

서울은, 희망이 아니라 절망이다
서울에서 절망을 노래하지 않는 시인이 있을까

정체성을 잃어버린 서울
사대주의 문화가 판치는 서울
괴물처럼 생긴 서울
부동산 투기로 몸값만 올리는 서울
좆같은 서울

사랑을 위하여
－C Y H에게

그대가 없다면
아무런 가치가 없는 것들
– 보석 장미 하늘 땅 같은 것들
지금 그대는
그것들에게 생명을 불어넣고 있다

그대는 나의 진주
그대가 있는 곳에 내 마음이 있다

해가 서산에 닿더라도
그때 빈 나뭇가지에 까치집만
드러나더라도

그대를 위해 해가 뜨고
그대를 위해 꽃 피고 새 운다

나는 지금
나의 빈 가슴에
배 한 척 띄웠나니
그 배를 그대에게 보냈으니
그 배로 돌아와 다오

그대의 미소
– 지적인 아름다움을 갖춘 얼굴에 취해
정신을 잃고 멍하게 바라만 본다

나는 그대 위해 노래 부른다
그대는 내 사랑,
그대는 별에서 왔다

나는 그대의
별처럼 영롱한 눈동자를
기억하고 있다

내 마음 간절하여
소리쳐 부르나니
비너스의 여신이 질투하고 있다

그대는 나의 여인
살며시 손을 잡고 싶다
우리가 먼 항해를 꿈꾸는 시간은
얼마든지 있다

더 깊어지고 더 뜨거워질 시간은
넉넉하거늘
그대의 꿈에 내 꿈이 섞이는 날
내 귀엔 그대 숨소리만 들릴 것이다

배신의 산

저 산을 믿었던 산지기는
저 산의 배신으로
움츠렸다, 겨울이 지나고도

산지기의 흔적은
등성이와 골짜기에
숨어든 햇볕이 따뜻하질 않았다

저 산엔
오백 년 묵은 산삼이 살아서
때로는 노인으로 현신하는데
더러는 산지기와 신선주도 나누었는데

산목련 하얗게 피던 날
워이워이 날아오르던 새
누구는 학이었다는 말을 했다

지리산이 울고
청학동이 흔들리더니
산지기도 학이 되어 갔다

끝내 산이 안식처이길 포기했을 때
그 배신에 피를 토한 새
두견새 울어울어

몸서리쳤던 피비린내를
나는 기억한다
산은 믿을 수 없고
세월은 안심할 수가 없다

희극 아니면 비극이다

희극 아니면
비극이다
산다는 것은 확실히 장난이 아니다

햇볕에 파묻히면
양지가 되고
어둠에 파묻히면 음지가 된다

지극히 단조로운 삶에도
애착을 보이는 것은
이 세상 어딘가에는 새싹이
돋아나 있기에
오늘은 오늘로 끝나는 것이다

희극 아니면
비극이다
잘 살아보자
폭등한 집값이 발목을 잡는다

재벌과 졸부가 다 차지한 나라에
집값과 땅값만

폭등하고 있다

웃기는 것은
그걸 옳다고 지지를 보낸다
자꾸 오르는 것이 경제라 우긴다

발자국

애들이 다투고 있다
마당에 뚜렷한 발자국을 대면서
서로 자신의 것이
크다고 우긴다

그렇다, 발자국은 권위다
크기나 깊이에 따라 구분됐다
짐승의 종류와
크고 작음까지

이를테면,
고라니 발자국과 사냥개의 발자국은
전혀 다르다
토끼가 아무리 영민해도
호랑이 발자국을 남길 수는 없다

발자국은 흔적이다
짐승은 모두 발자국만 남기는데
사람은 더 많은 걸 남기려 든다

권력을 세습하고

부와 명예는 자손만대까지
남기려 든다

사회를 위해서는
아무것도 베푼 게 없이
영원히 지워지지 않는
하나의 불사신이 되고자 한다

뿌리에 대하여

나무는 그렸으나
나무의 뿌리는 그리지 못했다
산수화와 풍경은 많지만

누구도
뿌리에는 관심이 없었다

우리가 뿌리를 잊고 산 너무 많은 시간에
더 좋은 뿌리가 되기 위해
땅속으로만 스며 들었다

너무 오랫동안
우리는 보이는 것에만
눈길을 보냈다

땅속에서 사투를 벌이는
뿌리에 대해서는
아는 게 없다

아무리 줄기와 잎이 왕성하더라도
나무를 자라게 하는 것은

뿌리다

화가는 나무를 그릴 때
뿌리부터 그려야 한다
땅속에 있는 것이라고
백안시하는 것은 권한 밖이다

개똥이

개똥이는
동무들보다 잘하는 게
아무것도 없다

씨름과 달리기와 줄넘기뿐 아니라
제기차기와 딱지치기와 자치기까지…
어느 것도 동무들을
앞서지 못했다

시무룩해진 개똥이는
낮잠을 잤다
밖에서는 매미가 왱왱 우는 한여름

땀을 뻘뻘 흘리면서
개똥이는 꿈을 꾸었다

머슴새 울고 가는 못둑에 앉아
기발한 생각을 했다
그래, 별을 따와야 겠다

꿈속이지만

산봉우리에 오르는 건
여간 고된 일이 아니었다

산봉우리에만 서면
별은 문제없이 딸 거라고…
부러워하는 동무들의 눈초리를
무시해 줄 수 있다

아가! 웬 낮잠을 그렇게 자니?
어머니가 개똥이를
흔들어 깨웠다

보이는 게 많아졌다

옛 같지가 않다
사방이 낯익은 길이지만

보이는 게
많아졌다
예사로 지나친 길인데

더 새롭고 더 뚜렷하다
더딘 걸음 멈추며
바라보나니

신비스럽기도 하고
무섭기도 하다

온갖 간판들은
불빛의 반란으로 어지럽고
여전히 쓰레기는
밟힌다

발길에
버려진 것의 비애에 젖어

안개가 피어오른다
저기 기억의 편린들

날마다 해가 솟으며
삶은 여전히 다양하고
보이는 건 너무 많다

그렇구나
삶이란 바쁜 것이다

산은 산에게 맡겨 달라

사람들의 횡포를
사람만이 모른다

한때는 산이 헐벗어야 했고
들녘을 지키던 초목이
모조리 산으로 쫓겨났다
새와 짐승과 함께

산으로 갔고
산에서 자리 잡는가 했더니
등산로와 임도가 하는 것이 산을 파헤치더니
철탑을 세운다고 야생화를 캔다고
파헤치고 또 파헤친다

산에는 평화가 없다
쉴 새 없이 찾아드는 등산객이
함부로 버린 오물이
썩어가고 있다

사람이 재앙이다
도대체 절제하거나 남을 배려하는

일이 없다
제 돈 제가 쓰는데 무슨 소리냐고 되받는다

횡포가 지나치다
결국 자기 자신에게 돌아올
포악한 짓들을
있는 놈이 더 즐기고 있다

청산이 신음하고 있다
산은 산에게 맡겨 달라고
저렇게 성실하다

지역 문학이 가는 길

| 강희근 |

1.

80년대 이후 우리나라 곳곳에서 지역 문학을 살리자는 자각이 생겨나고 그것은 지역 문학 운동의 모습으로 다양하게 드러났다. 또 그것은 지역 문화 운동에 발맞추어 부문과 부문끼리 힘을 주기도 하고 받기도 하면서 어떤 측면에서는 상당한 실적을 쌓기에도 이르렀다.

다음 글을 일단 읽어 보자.

> 돌이켜 보면 우리 겨레는 지난 세기 동안에 참혹한 시련을 겪었다. 앞쪽 반세기 동안에는 왜적의 침략으로 값진 삶의 전통을 어지러뜨리고 여지없는 수탈로 굶주림에 시달렸다. 뒤쪽 반세기 동안에는 미 · 소 두 패권에 깔려 조국이 동강나서 싸움의 불바다를 겪고, 남북의 독재 권력에 짓눌려 마음껏 살아볼 수가 없었다. 그러나 남쪽에서는 수많은 사람들이 피로써 독재 권력과 싸우며 겨레의 전통과 문화를 되살리는 길을 찾으려 안간힘을 다한 나머지, 80년대에 들어서면서 마침내 독재를 내쫓고 전통을 살리는 길이 보이기 시작했다.
>
> 우리 고장 진주에서도 얼이 깨어 있고 마음이 젊은 사람들이 갖가지 모임

을 만들어 전통문화를 살리고 사람답게 살려고 마음을 모아 일어섰다. 어떤 모임은 자연을 살리고, 어떤 모임은 말을 살리고, 어떤 모임은 정치를 살리고, 어떤 모임은 언론을 살리고, 어떤 모임은 예술을 살리고, 어떤 모임은 농사를 살리고, 어떤 모임은 힘겹게 사는 이들을 살리고…

–『진주팔경』(진주문화를 찾아서 8, 지식산업사, 2007) 「머리말」에서

따옴글에서는 진주 지역의 문화를 새롭게 일으키는 모습을 개략적으로 설명해 놓고 있다. 80년대 이후 지역 사람들이 깨어나서 지역의 자연, 말, 정치, 언론, 예술, 농사, 어려운 이웃들을 살리는 일에 진력하고 있음을 밝히고 있는 것이다. 말할 것도 없이 이 일들은 중앙으로만 집중되어 있었던 과거의 관행이나 의식을 털어 내고, 지역이 지역으로 존재하는 의미와 정서를 지역 주권으로 살려낸다는 것을 의미하고 있다.

필자는 최근 다음과 같은 시를 쓴 일이 있다.

독립국

나를 지배해 온 건 9할이 신문이다*
나는 오늘 아침 그 신문 중의 하나를
끊었다

내게 군림해온 6할의 권력을 물리쳤다
밥상에 오르는 김치
밥상에 오르는 시락국
그 하나를 물리쳤다

나는 이제 신생 독립국가다 ! 풀잎 깃발
깃발 한 폭,
게양대에 올린다

*미당의 시에 '팔할이 바람이다' 가 있다.

중앙 일변도의 문화 권력을 스스로 끊어주는 일들이, 끊어주는 노력과 비평의식이 절실히 필요하다는 생각에서였다.

2.

지역 문학이란 무엇인가? 말할 것도 없이 지역의 정서나 생태나 문화를 표현한 문학을 말한다고 할 수 있다. 지역에 살면서 중앙만 쳐다보고 중앙 권력에만 의지하는 시인 · 작가는 지역문학을 생산하는 사람이라 할 수 없을 것이다. 그런 사람은 지역에 거주하는 부실체류자라 할 수 있을 것이다. 오늘 우리나라 문단 현실에서 부실체류자가 아닌 사람이 얼마나 될까? 필자도 여기서 자유로울 수가 없다. 반대로 중앙에 거주하면서도 자기 태어난 지역의 정서나 역사, 생활 문화를 제대로 형상화해 낸 시인 작가는 얼마든지 있다. 이들은 이향한 중앙 문학가이면서도 훌륭한 지역 문학 생산자라 할 수 있을 것이다.

지역 문학 생산자로는 이병주, 김정한, 설창수, 박재삼, 박경리 등을 들 수 있을 것이다. 이병주는 소설을 쓰면서부터 서울에 거주했지만 그의 소설은 지리산이나 진주나 서부경남 일대를 무대로 전개되었다. 중편이나 단편에서도 그런 예는 얼마든지 찾아낼 수 있다. 「마술사」에서는 주인공이 충청도에서 시작하여 미얀마로 가고 일본으로 갔지만 주제를 드러내는 활동무대는 서부경남의 K읍과 S읍이다. 「36년 만에 받은 답장」도 경남 J시가 중심 무대이다.

김정한의 소설도 그가 부산에 살았지만 작품의 무대는 낙동강 언저리의 소외받고 착취받는 농민들의 생활공간이다. 「모래톱 이야기」의 '조마이섬' 같은 데가 그의 소설이 추적하는 관심 공간인 것이다.

설창수는 창원에서 태어나 진주농림학교로 진학한 이후 평생을 진주에 살면서 진주의 역사와 정서, 문화를 시에 다 녹였다. 그랬을 뿐만 아니라 그의 문화 운동은 지역을 거점으로 한 것이었고 지역의 자존을 역사에 기록한 것이었다.

박재삼은 서울에서 직장을 갖기도 살기도 했지만 그의 정서는 삼천포의 바다, 하늘, 나무, 눈물이 원형이었다. 그의 시가 있는 곳은 곧 삼천포가 있는 곳이고 그의 이미지가 있는 곳이면 곧 삼천포의 이미지가 사는 곳이기도 했다. 그의 시에는 첫새벽 행상 나가는 어머니의 고단함이 있고 남평문 씨가 있고 진주 남강 물빛 푸른 사람의 삶이 있다.

박경리는 서울로 가 생활하다가 주거지를 원주로 옮겨 평생을 집필로 일생을 보냈다. 민족의 대서사시 「토지」는 아시는 대로 지리산과 하동 악양 평사리를 무대로 펼쳐진다. 어떤 비평가는 애정 구도를 넘지 못한다 하기도 했지만 그러나 그의 「토지」는 민족의 품안에 들어가 민족의 애환을 끓여내고 있다. 그가 소설가로 출발한 지점에서 나온 「김약국의 딸들」역시 그가 태어나 살았던 통영의 이야기를 담고 있다. 그리고 그는 진주여고 다닐 때의 이야기 한 토막을 시에다 담고 있다.

옛날에
또개라는 미친 사내가
진주에 살았었다

가는 사람 오는 사람
길 막고 서서
앞, 앞이 말 못한다, 하며
가슴 치고 울던 사내

갈래머리 소녀 적에
보았던 일
비 오는 날
나를 사로잡는다

그는 새가 되었을까
앵무새가 되었을까

그는 꽃이 되었을까
달맞이꽃이 되었을까

－박경리의 「미친 사내」 전문

그는 오랜 세월이 흘렀는데도 갈래머리 소녀시절의 이야기를 잊지 않고 있다. 서정주의 시에 나오는 "별 생겨나듯 돌아오는 사투리"(수대동 시)를 떠올리게 한다. 그렇다. 지역작가는 사투리이고 사투리에서 종내 벗어날 수가 없다.

3.

지역의 문학이 제대로 자리 잡는 길은 지역 문학이 올바로 성장해 가는 것에 있다. 그러기 위해 문학운동이 그런 쪽으로 방향을 잡고 가야 한다. 그 방향으로 가는 데는 앞메기 소리가 필요하다. 광복 이후 혼란기를 더듬어 보면 우리나라 처음으로 문화예술제를 창시한 진주의 문화예술 운동이 앞데기 소리를 내었다. 개천예술제(1949. 음 10.1)가 그것이다. 그 운동의 중심에 백일장이 있었다. 아마도 이 백일장이 광복 이후 공식적으로 기록되는 첫 번째 백일장이었을 것으로 보인다. 여기로부터 시작된 백일장 행사가 지금은 전국에 1000여개 행사로 뻗어 나갔다. 지역의 자주적, 창의적인 행사는 이렇게 전국적으로 파급되어 나간다는 것을 실례로 보여 준다 하겠다. 이 백일장에서 입상한 이들, 일테면 이형기, 박재삼, 박경용, 송영택, 신중신, 김종해, 김종철, 안도현, 정일근, 허수경, 오인태, 유홍준 등은 지역행사의 틀 위에서 창작의 물꼬를 틔우며 문단으로 나갔다. 이 사실을 시인들이 입으로 표명하든 표명하지 않든 자기 문학 노정에서 제칠 수 없는 노둣돌이 되었을 것이다. 그렇게 보면 진주의 행사가 변방에서 이루어지는 것이 아니라 한국 문학의 한 중심에 들어가 있으면서 부단히 작용하며 있다고 할 수 있다.

필자는 지역이 늘 자발하는 선택권을 가질 필요가 있다고 본다. 지역문학 운영자들의 관점에서 좋은 문학을 선택하는 것이 필요하다. 이것은 바로 지역문학의 일정한 지렛대 역할을 할 뿐만 아니라 지역 문학의 한 지평을 여는 일이 될 수 있기 때문이다. 진주에 있는 시 동아리 화요문학회(회장 박노정)에서 〈이달의 시인〉행사를 해오고 있는데 여기에 초청되는 시인은 지역을 초월해 선택된다. 2004년 5월부터 시작하여 2008년 10월까지 열려 왔는데 그 사이 힘이 부쳐 월별행사를 계절행사로 바꾸었다. 초청된 시인을 중심으로 프로그램이 진행되는데 대체로 순서는 인사말, 초청시인 작품낭송, 회원시 낭송, 나의 시를 말한다(초청시인), 초청시인을 말한다, 지정토론, 자유토론, 저자 책 사인회(그리고 행사 팸플릿에 〈이달의 회원〉을 뽑아 작품을 싣고 평을 가함) 등으로 진행된다. 지금까지 초청된 시인은 송수권(순천), 정일근(울산), 문정희(서울), 나희덕(광주), 최영철(부산), 유안진(서울), 문태준(서울), 강은교(부산), 문인수(대구), 장석남(서울), 김명인(서울), 천양희(서울), 서정춘(서울), 고재종(광주), 이기철(대구), 조용미(서울), 이문재(서울), 김기택(서울), 함민복(인천), 노향림(서울), 허형만(목포) 등으로 서울 거주 시인이 압도적으로 많다.

화요문학회 회원들은 시인들을 자기들 기준으로 선택하여 부르고 자기들 눈높이를 그 잣대에 맞추며 공부하는 것을 목표로 하고 있다. 결과적으로 회원들의 창작능력이 놀라우리만큼 성장하여 여기저기 신인 대열에 뽑히곤 한다. 여기서도 문제는 있다. 초청 시인의 선택에서 이제 안으로 눈을 돌릴 때가 되었다는 점이다. 자기 지역의 지역문학을 가꾸고 키워가는 능력 있는 시인을 향해 격려의 손짓을 보낼 때가 되었다는 것이다.

어쨌든 지역이 변방이 아니라 시와 시인을 스스로의 주권으로 선택하는, 선택의 중심에 있다는 자각이 긴요하다. 그것은 곧 자기 신뢰를 불러오고 그 신뢰로부터 자기 성장의 고삐를 단단히 쥐고 나갈 수 있기 때문이다. 그럴 때 지역 문학은 건강한 피 돌리기를 할 수 있을 것이다.

4.

지역 문학제는 어디로 가야 하는가? 이쯤에서 물어야 할 사항이다. 말할 것도 없이 지역 문학인들이 벌이는 마당이 되어야 한다. 지역 문학제가 아니고 서울 문학제라면 서울 문인들이 전을 펴고 자리를 차지해야 한다. 경남지역에서 개최되는 여러 문학제들이 이 점에서 상당히 심각하다. 진주에서 새로 시작한 이형기 문학제가 이를 원만히 해나가기 위해 힘을 쓰고 있는 중이다. 작가 시인을 기리는 에너지가 중앙 쪽에서 더 커서 그쪽에서 불어오는 바람이 세면 지역의 문인들이 담벼락 뒤에 숨게 되어 있다. 이 잔치가 지역의 잔치라는 점을 분명히 하고 지역 사람들을 앞장세우고 지역의 사람들의 마당을 만들어 주어야 한다.

또 어떤 문학제는 동네잔치를 하고 마는 경우도 있다. 기리는 작가가 국중 인물이면 국중 잔치를 해야 하는데 기획력도 없고 지향도 없이 흉내만 내는 경우이다.

지리산 언저리의 문학제인 토지 문학제나 이병주 문학제, 함양의 지리산 문학제는 지리산 체험행사를 개발해 보는 것이 어떨까 한다. 환경문제, 생태문제가 지구촌의 화두로 떠올라 있는 점을 감안한다면 매우 의미 있는 행사가 되지 않을까 한다. 지역문학제의 문학상은 가급적 지역문학에 관심을 가져주는 때가 되지 않았나 한다. 수준 문제를 거론할 수 있겠지만 역량에 걸맞는 형태로 주어질 수 있지 않을까 한다. 김달진 문학제에서 행하는 문학상이 최근 영역을 넓혀 지역을 바라보기 시작했다. 참고할 만한 사례로 삼을 수 있겠다.

그리고 지적할 것은 지역문학제의 시기 문제이다. 금년도 11월 11일, 12일 양일간은 토지문학제, 지리산문학제, 천상병문학제가 겹쳐서 열렸다. 각 군의 지방자치단체의 축제에 붙여 열다보니까 이런 현상이 일어나고 있다. 서로가 서로를 위하는 마음으로 아량을 베풀어 주기를 기대한다.

5.

지역 문예지에 대해서도 이쯤에서 거론해 볼 필요를 느낀다. 각 지역에서는 한국문협 지역회, 작가회 지역회, 국제펜 지역위원회가 있어서 각기 기관지를 낸다. 기관지는 각기 지역회 회원들의 작품들을 골고루 내는 것으로 되어 있어서 크게 달리 주문할 필요를 느끼지 않는다. 그런데 90년대 이후 각 지역에서 한결같이 우후죽순처럼 문예지들이 경쟁하듯이 출간되고 있는데 대체로 계간시지가 대종을 이루고 있다. 표제도 유행을 따르고 있다. 한

군데서 '시와 XX' 하니까 다른 데서도 '시와 OO' 하고 화답을 한다. 우리 지역도 그냥 있을 수 없다고 느낀 데서 '시와 △△' 하고 나선다. 이렇게 하여 각 지방에서는 하나쯤 계간시지를 발행하고 있게 되었다. 문제는 각 시지의 면면들이다. A지역에서 나오는 것이나 B지역에서 나오는 것이나 필진들의 면모를 보면 중앙 문예지의 아류라는 인상을 준다. 이것이나 저것이나 서울에서 평판을 얻는 시인 일변도로 시차를 두고 실어준다. 굳이 각 지역에서 어려운 자금 문제를 떠안고 꼬박꼬박 반품을 받아가며 발행할 의미가 없다 하겠다. 지역시지가 해야 할 일은 지역시인으로부터 편집의 틀을 잡고 외지 시인들은 특집으로 구별하는 것이 좋을 듯싶다. 그리고 지역문학의 담론을 부단히 개발해 내는 것이 임무가 되어야 할 것이다.

그중에서도 예외는 있다. 춘천에서 나오는 계간지나 부산에서 나오는 계간지는 그런대로의 의미를 부여할 수 있다. 춘천의 것은 잡지 편집의 일관성으로 부산의 것은 지역문학 담론의 개발이라는 측면에서 관심을 갖고 바라볼 수 있을 것이다.

6.

다음으로 지역에 있는 문학관이 어떤 구실을 해야 하는지 생각해 보자. 바라건대 지역문학관은 지역문학의 거점이 되면 더할 나위 없이 좋을 것이다. 지역 문학 행사가 문학관에서 이루어지게 되면 기리는 작가 시인의 문학적 흐름 안에서 새로운 지역문학의 활로를 열어갈 수 있으리라 기대되기 때문이다. 말하자면 문학관을 통해 기리는 작가 시인은 그럴 경우 지역문학의 살아 있는 배경이 될 수 있을 것이다.

정기 행사를 치르고 있는 경남 문학관이나 김달진 문학관이 경남의 선두주자로 제 역할을 어느 정도 수행하고 있는 것이 아닌가 한다. 그렇게 하기 위해 문학관이 취할 수 있는 것은 다음과 같다.

① 지역의 문학단체와 자매결연을 맺는다. 이 경우 문학단체의 사무실을 내어줄 수 있으면 더 좋을 것이다.
② 지역 대학의 연구소나 인문학 분야 대학원학과와 협약 체결을 한다.
③ 연1회 지역 문학인 대회를 연다.

7.

지역문학이 가는 길을 북돋아 주기 위해 지역문학 비평이 살아나야 한다. 비평이 없는데 길이 어디로 나 있고 제대로 난 길인지 알 길이 없다. 이쪽으로만 전문으로 하는 지역문학 비평가가 나와야 한다. 지역문학사의 정리도 아울러 필요하다. 경상대학교 인문학 연구소(소장 유재천)와 경남대학교 국문과 박태일 교수 중심의 〈경남 · 부산 지역문학회〉의 활동이 두드러지고 있다. 특히 박태일 교수의 저서 「한국 지역 문학의 논리」(2004. 청동거울)와 「경남 · 부산 지역문학 연구 · 1」(2004. 청동거울) 등은 이 방면 연구의 한 성과라 할 만하다.

이제 지역문학이 가는 길은 '길' 이 나가는 머리가 보이기 시작했다. 적어도 이 길은 지역이 이념인 시인 · 작가들이 문학적 탄력을 얻을 때 제대로 잡히기 시작할 것이다. 깨어 있는 지역문학인들이 나서서 제 목소리를 내고 제 기량을 닦아야 하는 이유가 여기에 있다 할 것이다.

*편집자 : 이 글은 지난 11월 22일 이병주 문학관에서 개최된 지역문학의 진로에 관한 세미나에 발표된 글임.

경남 동인지 탐방 · 1

진주의 〈화요문학회〉

| 양 곡 |

월요일 날 오전은 다들 뭔가 새롭게 바쁘게 움직이다가도, 오후가 되면 오전 중에 찾아다닌 일들조차 겸연쩍게 돌아들 만큼 축 처진 저녁을 맞이하는 게 요즈음 사람들의 풍속도다.

이럴 때 문학은 어디에, 무엇에 소용되는 것일까? 도대체 문학은 무엇이며, 무엇을 위해서 문학은 존재하는 것일까? 이러한 물음은 학문을 하는 학자들만의 몫은 아니다. 좀 더 생각해보면, 우리나라에서 문학을 하는 사람의 숫자는 2만여 명쯤 된다고 치자. 그 가운데 시를 쓰는 사람을 1만여 명쯤 으로 짐작해보자. 이들 중에서 제대로 시를 쓰는 사람으로 취급받는 사람, 즉 시인대접을 받는 사람은 대략 10% 정도라고 보면 된다. 나머지는 아직도 시인이라는 이름이 자기와 자기 주위의 몇몇 사람들만이 알고 있는, 말하자면 삼류시인인데 일반인들은 뭐하는 사람인지조차도 알 수 없는 사람들이다. 이것은 과학적으로 조사한 데이터를 기초로 한 예는 아니지만, 대한민국에서 오늘을 살고 있는 우리들의 삶 속에 문학이 차지하는 질량이자 문학이 사회에 영향을 미치는 자장의 범위라 생각할 수가 있다. 〈경남 동인지 탐방〉을 시작하며 제일 먼저 진주에서 활동하고 있는 "화요문학회" 를 찾아가면서 생각해본 문학에 대한 필부의 관심이다.

그런데도 문학을 하는 인구는 줄어들지 않는다. 문학의 위기를 이야기하지만 문학작품이 소비되지 않는 시대라는 뜻이지 문학 행위를 하는 인구가 줄어드는 것은 아니라는 말씀이다. 화요문학회를 찾은 날은 마침 진주신문사가 운영하는 가을문예 당선작이 결정된 날이라 운영위원장을 맡고 있는 박노정 회장이 전하는 말씀에 따르니 무려 165명이나 전국에서 시를 보내왔다고 한다. 1,000편이 넘는 시편들 가운데서 예닐곱 편의 시를 쓴 한 사람의 당선 시인을 만들어 내었다는 말이 된다.

1997년 12월 10일 회원 20명이 화요일에 만나면서 시작되었다는 진주의 화요문학회는 요즈음도 매주 화요일 오후 7시만 되면 평거동 '진주문고' 2층의 북카페에서 만난다. 찾아간 날은 회장이 가장 먼저 와서 기다리고 있었는데, 그때가 6시 45분쯤이다. 직장인이거나 가정을 지키는 주부들이어서 날마다 생업에 부대끼느라 정해진 시간 안에 도착하기가 그리 쉽지는 않다고 말씀하신다. 7시 30분이 되어서 달려오는 사람도 있었는데 그 시간에라도 찾아오는 저 사람들은 도대체 무엇 때문일까? 하는 물음과 함께 참으로 대단하다는 생각만 들 뿐이었다. 먼저 온 사람도 뒤에 온 사람도 자리에 앉은 회원은 써온 습작시들을 한 편씩 돌린다. 시를 안 갖고 온 사람은 교재도 없이 책상 앞에 앉은 학생처럼 괜히 미안해지고 두리번거려진다. 문학한다는 것이 도대체 무엇이길래?

화요문학회를 조금은 오래 전부터 알고 있는 터였다. 화요문학회가 결성되고 난 후 회원들은 세칭 잘나가는 시인들을 모임에 모셔서 화요특강이란 이름으로 문학 지도를 받아오다가 2004년 5월부터는 한 달에 한 차례 〈화요문학회가 만난 이 달의 시인〉이라는 이름으로 일반 지역민들과 함께하는 행사를 시작할 무렵부터였을 것이다.

화요문학회를 경남의 서부지역 문학권역 안에서 주도세력 내지는 중심세력으로 일반 지역민들이 인식하게 된 것은 〈화요문학회가 만난 이 달의 시인〉 행사부터라 해도 별 틀린 말은 아닐 것이다. 우리나라에서 현재 활동하고 있는 시인 한 분을 초청해서 일반지역민들과의 소통과 교감을 무차별로 주선하는 이 행사는 회원들의 호주머니를 털어서 모든 경비를 부담하는 자연발생적 행사로서 진주에, 경남의 서부지역에, 우리나라 문학의 현장을 각본 없이 연출함으로써 '책 속에 갇혀 있던 문학'을 '지금 여기'로 옮겨오는데 성공한 것으로 평가된다.

강희근 시인을 지도교수로 모시고, 이상옥 전임 회장을 고문으로 하고 있는 화요문학회는 처음 출발할 때보다 10여 명의 회원이 늘어났지만 문학을 향한 열정은 조금도 변하지 않았다고 한다. 30여 명의 회원이 아직도 다달이 회비를 내고 행사 때마다 부과되는 세금(?)을 참석을 하든 안 하든 총무의 통장으로 언제 어디서든 입금을 시킨다 하니 참으로 놀라운 일이다. 문학부문은 문화예술 분야 중에서도 가장 적자를 많이 내는 비경제적 분야이기 때문이다. 글을 한 줄 써서 남에게 보이려 하면, 과연 얼마만큼의 다른 글을 읽어야 가능할지를 생각해 보면 될 것 같다. 보고 읽는 사람은 잘됐느니 못되었느니 할 수 있는 글이지만 잘 안된 글일지라도 남에게 보일 수 있기까지에는 얼마나 많은 다른 글들을 읽고서도 선뜻 용기가 나지 않는다는 것을 아는 사람은 알 것이다. 문학판에 들어서기 전에 고민하는 비용이 문학판에서 습작을 하며 치르는 비용보다도 훨씬 많다는 말도 있다. 이런 사정을 어디 화폐가치로만 따질 수야 있을 일인가?

오늘은 여덟 편의 시가 공부의 교재다. 작품의 수로 따지면 여덟 편이지만 한 편이 한 사람의 삶이니 여덟 사람의 삶을 이야기하는 셈이다. 각기 다르면서도 같은 삶을 사는 여덟 사람의 인생을 한자리에 펼쳐 놓고, 한 편의 글에 담긴 아픔과 기쁨에서 출발해 지역문학과 한국문학, 문학의 보편성과 특수성, 문학적 사실과 문학적 표현, 나아가서는 지역의 크고 작은 문화행사들까지 일일이 챙기고 이야기하고 걱정하고 나름대로 정리를 해내는 매주 화요일마다의 모임은 생활의 문학 또는 문학의 생활화가 생생하게 살아있는 현장의 모습이다.

지난 10월의 허형만 시인까지 21명의 한국 현대 시인을 진주로 모신 〈화요문학회가 만난 이 달의 시인〉 행사 외에도 2004년부터 11월 1일이면 진주시 평거동 "최계락 · 이형기 시비" 앞에서 지역의 여러 문학단체들과 연대하여 펼치는 "시의 날" 행사도 크나큰 뜻이 담겨 있거니와 봄이나 가을에 '지역 문학회와 함께하는 문학기행' 역시 지역문학의 발전을 위해서는 대단히 중요한 일로 여겨진다. 누가 먼저 하고 싶어도 여러 이유 때문에 선뜻 길을 나설 수 없는 문학기행을 지역의 여러 문학단체의 구성원들과 함께 즐거움과 외로움을 나누며 문학의 향취를 마음껏 느낄 수 있고, 지역의 문학회가 자기의 지역을 벗어나 인근의 다른 지역 문학단체와도 교류를 하며 서로 간의 정보와 정신을 나눌 수 있는 친교의 장을 마련해주는 아름다운 기회이다. 진주시가 경남의 서부지역 문화중심지라고 할 수 있는 데에는 화요문학회가 주도하는 이러한 일들이 밑바탕에 깔려 있기 때문이라 말하면 지나칠까?

실제로 진주의 화요문학회는 여수의 화요문학회와 영 · 호남 교류 시화전을 2001년 6월에 처음 시작해서 올해로 4회째 두 도시를 번갈아 개최하며 문학을 뛰어넘는 지역 간의 민간 문화 교류도 실천을 해오고 있다.

지역문학은 문학에서의 특수성을 보편성의 광장으로 이끌어냄으로써 그 의미를 찾을 수 있는 것이지만, 보편성만이 문학의 본질이 될 수가 없듯이 그 지역의 특수성을 나름대로 지키며 보편성을 찾아가는 작업이 지역에서 문학을 하는 사람들의 공통된 권리이자 책무일 것이다. 화요문학회가 지금 하고 있는 활동은 1980년대 '시운동'과 '시와 경제' 동인으로 대표되는 동인지시대 문학운동과는 성격이 또 다른, 지역적 연고를 바탕으로 전개하고 있으면서도 지역의 문학을 전국으로 알리는데 크게 이바지할 뿐만 아니라 세계화되어가는 한국문학의 현장을 진주지역으로 끌어와 진주지역의 삶의 문제들이 문학적으로 어떻게 형상화될 수 있는지? 지역민들과 더불어 지역문학이 얼마나 인간의 보편적 궁극적 본질에 닿아 갈 수 있는지까지를 점검해 보는 일로 자리매김되며 회원들 개개인이 하는 일이 우리 모두가 함께해야 할 일을 대신 감당해주고 있다는 생각을 하면 저절로 숙연해지는 것이다.

앉은 자리에서 앞으로는 어떻게 하실 겁니까? 라고 모두에게 물었더니 동시에 지금까지 해 온 것처럼 할 거란다. 이 말보다 더 확실한 미래를 어디서 보장받을 수 있겠는가? 지금까지 해왔던 것처럼 앞으로도 할 거라 하니 기대도 지나온 과거처럼만 하면 될 것 같다는 생각을 한다.